칸트의 『도덕형이상학 정초』 읽기

세창명저산책_022

칸트의 『도덕형이상학 정초』 읽기

초판 1쇄 발행 2014년 7월 10일
초판 3쇄 발행 2023년 11월 15일

–

지은이 박찬구
펴낸이 이방원
기획위원 원당희
책임편집 배근호   **책임디자인** 손경화
마케팅 최성수·김 준   **경영지원** 이병은

–

펴낸곳 세창미디어

신고번호 제2013-000003호 주소 03736 서울특별시 서대문구 경기대로 58 경기빌딩 602호

전화 02-723-8660 팩스 02-720-4579 이메일 edit@sechangpub.co.kr 홈페이지 http://www.sechangpub.co.kr

블로그 blog.naver.com/scpc1992 페이스북 fb.me/Sechangofficial 인스타그램 @sechang_official

ISBN 978-89-5586-206-5   03160

Immanuel
KANT

세창명저산책_022

박찬구 지음

칸트의 『도덕형이상학 정초』 읽기

세창미디어
MEDIA

칸트의 『도덕형이상학 정초』는 윤리학을 공부하는 사람에게는 고전 중의 고전이다. 이른바 '의무론적 윤리Deontological Ethics'의 뼈대를 형성하는 아이디어가 이 책에 모두 들어 있기 때문이다. 그래서 이 책은 비록 볼륨은 작아도 칸트의 3대 비판서와 더불어 늘 중요시되어 왔다.

칸트의 원전(번역서)을 직접 읽어보려는 독자가 직면하는 어려움이 몇 가지 있는데, 첫째는 번역에서 오는 문제점이다. 번역의 엄밀함을 위해서는 직역이 마땅하지만, 200여 년 전의 독일어를 오늘날의 우리말로 이해하기 쉽게 옮기는 일은 정말 어려운 과제이다. 그렇다고 섣불리 의역할 수도 없다. 왜냐하면 이는 자칫 엄밀함을 중시하는 칸트의 사상을 오해하게 만들 위험성이 있기 때문이다. 둘째는 칸트의 서술 방식, 즉 문체에서 오는 문제이다. 만연제인 그의 글을 그대로 옮기다 보면 주어나 목적어를 수식하는 관형

구가 길어져 지루하고 난해한 내용이 되기 일쑤인 것이다. 그래서 어쩔 수 없이 문장을 끊어서 옮겨야 하는데, 이때 문장 전체의 취지를 살려 자연스럽게 재서술하는 일 역시 그리 만만한 일은 아니다. 셋째는 칸트가 사용하는 독특한 용어와 고유한 개념 때문에 생기는 문제이다. 이것은 친절한 해설과 더불어 참을성 있게 읽어나가면서 그의 용어와 개념에 익숙해지는 수밖에 달리 도리가 없을 듯하다.

이러한 문제점들을 염두에 두고서 필자는 이 책을 집필하면서 두 가지 목표를 세웠다. 하나는 원전의 내용을 가능한 한 쉽게 풀어쓴다는 것이고, 다른 하나는 원전의 모든 내용을 빠뜨리지 않고 해설한다는 것이다. 이 책이 칸트의 원전을 옆에 놓고 읽어나가는 독자로 하여금 그의 참뜻을 이해하도록 하는 데 도움이 되기를 바라는 마음 간절하다.

이 책을 집필하면서 참고한 번역서들은 다음과 같다. '『윤리형이상학 정초』(백종현 역, 아카넷, 2005)'로부터는 정확한 내용 전달의 측면에서, '『도덕 형이상학을 위한 기초 놓기』(이원봉 역, 책세상, 2002)'로부터는 쉽게 풀어쓰는 측면에서, '『임마누엘 칸트: 도덕성의 원천을 찾아서』(김상섭 역, 영남대, 2010, 미출간)'로부터는 소제목을 붙이는 데에서 각기 큰 도움을 받았다. 이 자리를 빌려 심심한 사의를 표한다. 그 밖에 서울대학교 대학원 윤리교육과 제자들에게도 빚진 바가 크다. 그중에서도 많은 예를 통해 딱딱한 칸트의 글을 쉽게 풀어준 정철원 선생에게 가장 큰 도움을 받았다. 그의 천재성과 노력에 감사하지 않을 수 없다. 그리고 마지막 단계에서 이 책의 초고를 검토하며 오류를 바로잡고 귀중한 조언을 해준 박사과정 학생들, 특히 이승철, 서창원, 차승한 선생에게도 고마운 마음을 전하고 싶다.

칸트의 도덕철학은 그의 말처럼 보통의 이해력을 가진 사람이라면 누구나 이해할 만한 평범한 것에 불과하지만, 오늘날처럼 과학이 득세하고 물질주의와 쾌락주의가 만연한 시대에는 오히려 평범하지 않은 것으로 다가온다. 왜냐하면 이러한 시대에는 늘 자신의 욕망과 이기심을 합리화하는 궤변이 난무하게 마련이어서 평범한 진리를 수호하는 데에도 소크라테스와 같은 지혜가 요청되기 때문이다. 칸트의 『도덕형이상학 정초』는 우리가 이 평범한 신리를 되찾는 데 필요한 열쇠를 제공해 줄 수 있을 것이다. _2014년 6월 박찬구

6

| CONTENTS |

1. 본문에 표기된 칸트 원전의 쪽수는 W. Weischedel이 편집한 칸트 전집의 초판본 쪽수를 따랐다(Werke in zehn Bänden, ed. W. Weischedel, Darmstadt: Wissenschaftliche Buchgesellschaft, 1983 참조).

2. 이 책의 모든 목차는 원전의 목차를 그대로 따랐다. 단, 소제목의 경우, 제2장의 중간 부분까지는 (칸트가 제목을 붙이지 않아서) 필자가 임의로 붙였고, 제2장의 후반부부터는 칸트의 원전에 나와 있는 제목을 그대로 따랐다.

3. 원문을 인용한 부분 중 필자의 보충설명은 [ ]안에 담았다.

4. 주(註)의 내용 중 칸트 자신의 설명은 "원주"라고 표기하였고, 필자의 설명은 따로 표기하지 않았다.

5. 인용문이든 본문이든 고딕체로 표기된 부분은 모두 칸트 원전의 강조 표기를 그대로 반영한 것이다. 단, 필자의 강조는 ' '로 표기하였다.

머리말

1. 철학의 분류

칸트는 철학의 분류에 관해 설명하면서 글을 시작한다. 오늘날의 관점에서 보면 철학이란 여러 가지 학문 영역 가운데 하나에 불과하지만, 고대 그리스 시대부터 칸트 당시까지만 해도 '철학'은 일반적인 '학문'을 가리키는 말이었다. 그래서 칸트는 고대 그리스 철학의 전통에 따라 우선 학문을 세 가지로 분류한다.

고대 그리스 철학은 세 가지 학문, 즉 자연학[물리학], 윤리학,

논리학으로 나뉘었다. 이러한 구분은 사태의 본성에 완전하게 들어맞는다(Ⅲ쪽).

이러한 학문 분류는 오늘날과는 다소 차이가 있다. 오늘날의 학문은 크게 자연과학(칸트의 용어로는 자연학)과 인문학으로 분류되며, 그 아래 여러 가지 세부 학문이 속한다. 특히 윤리학이나 논리학은 오늘날에는 인문학이나 철학의 일부로서 그 비중이 그리 크지 않지만, 칸트는 이 둘을 자연과학 전체와 어깨를 나란히 하는 학문으로 분류하고 있다.

칸트가 이와 같이 학문을 분류하는 이유는 이성의 인식 방법에 따른 것이다. 이성이 추구하는 모든 인식은 두 가지로 구분할 수 있다. 하나는 **내용적**인 것으로서 인식 대상에 주목하는 것이고, 다른 하나는 **형식적**인 것으로서 인식 대상이 아니라 우리가 지닌 인식 능력 자체, 즉 지성과 이성의 형식 및 사고의 보편적 규칙에 주목하는 것이다. 이 후자에 해당하는 형식적인 철학을 **논리학**이라 한다.

여기에서 한 가지 알아두어야 할 것은 내용과 형식이라

는 용어의 뜻이다. 쉽게 말해 내용이라는 것은 우리에게 주어지는 외부의 정보를 가리키고, 형식은 그러한 정보를 가공하는 우리의 능력을 의미한다. 살아가면서 우리는 감각 기관을 통해 들어오는 막대한 양의 정보를 접하지만 그 많은 정보를 다 수용할 수도 없고 또 그럴 필요도 없다. 그러므로 우리는 우리에게 필요한 정보를 선별해서 그것을 우리의 필요에 맞게 가공해야 한다.

칸트에 따르면, 내용적인 철학은 특정한 대상과 그 대상이 따르는 법칙에 관련되는데, 이는 다시 두 가지로 나누어진다. 대상이 따르는 법칙에 **자연**의 법칙과 **자유**의 법칙 두 가지가 있기 때문이다. 자연 현상을 다루는 법칙, 즉 자연의 법칙에 관한 학문을 **자연학**(또는 자연론)이라 하고, 인간 의지를 다루는 법칙, 즉 자유의 법칙에 관한 학문을 **윤리학**(또는 도덕론)이라 한다(IV쪽).

논리학은 사고의 형식만을 다루기 때문에 경험적인 부분을 전혀 가지지 않는다. 반면에 자연학이나 윤리학은 경험적인 부분을 가질 수 있다. 자연학은 경험의 대상인 자연에게 법칙을 정해 주는[1] 역할을 하고, 윤리학은 타고난 본성의 영향을 받는 인간의 의지에게 법칙을 정해 주는 역할을 한다. 앞의 법칙(즉, 자연법칙)은 그것에 따라 모든 것이 '발생하는' 법칙이고, 뒤의 법칙(즉, 자유의 법칙 혹은 도덕법칙)은 그것에 따라 모든 것이 '발생해야만 하는' 법칙이다.

칸트는 경험을 근거로 하는 철학을 **경험적인** 철학이라고 부르고, 비-경험적인, 즉 오직 선험적인a priori 원리들만을 다루는 철학을 **순수한** 철학이라고 부른다. 이 순수한 철학 중 대상과 무관하게 지성의 사고 형식만을 다루는 것을 **논리학**이라 한다면, 지성의 특정한 대상을 다루는 것을 **형이**

---

1 '자연에게 법칙을 정해 준다'는 표현은 언뜻 보기에 이상하게 여겨질 수 있다. 왜냐하면 '자연에서 법칙을 발견한다'는 표현이 더 적절한 것 같기 때문이다. 하지만 이것은 칸트 인식론의 한 특징을 나타내는 표현이기도 하다. 칸트 이전의 인식론에서는 사물의 존재가 우리의 의식과는 무관한 것(즉, 사물 그 자체)으로 여겨졌으나, 칸트에게서는 그것이 우리의 의식(즉, 감성형식과 지성형식)에 의해 구성되는 것(즉, 현상)으로 이해되기 때문이다. (그래서 '구성설'이라 불리기도 한다.) 이리하여 인간 이성은 어떤 의미에서 현상 세계의 창조자라 할 수 있게 되었는데, 이것이 이른바 인식론상의 '코페르니쿠스적 전환'이다. 칸트에 따르면, 우리는 사물 그 자체로서의 세계가 아니라 우리에게 보이는 대로의 세계를 인식할 뿐이다. 그러므로 '자연'이라는 말은 우리의 방식으로 이해된 세계(현상 세계)를 말하며, 자연법칙이라는 것 또한 물자체의 세계가 아닌 현상 세계의 법칙을 의미한다. 이런 맥락에서 칸트는 "지성은 그의 선험적 법칙들을 자연에서 길어오는 것이 아니라 자연에게 이 법칙들을 지정한다"(『미래의 모든 형이상학을 위한 서설』, §36)고 말했던 것이다.

[그림 1] 철학의 분류

① 이성의 인식 방법에 따라

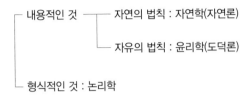

内容적인 것 ── 자연의 법칙 : 자연학(자연론)

── 자유의 법칙 : 윤리학(도덕론)

形式적인 것 : 논리학

② 경험적 요소의 유무에 따라

경험 철학

순수 철학 ── 논리학

── 형이상학 ── 자연형이상학

── 도덕형이상학

상학이라 한다. 그래서 형이상학에는 자연을 대상으로 하는 자연형이상학과 인간 의지를 대상으로 하는 도덕형이상학이라는 두 가지가 있게 된다. 다시 말해서, 자연학 중 경험적인 부분을 제외한 이성적인 부분을 다루는 것이 자연형이상학이라면, 윤리학 중 경험적인 부분(이것을 다루는 것을 특히 실천적 인간학이라 한다)을 제외한 이성적인 부분을 다루는 것이 바로 본래적인 의미의 **도덕**, 즉 **도덕형이상학**이다 (V쪽).

좀 더 자세히 설명하면, 자연형이상학이란 '우리 눈앞의 존재나 사건에는 반드시 그것을 발생시키는 원인이 있다'와 같이 자연 현상을 대상으로 하면서도 어떤 특수한 현상을 넘어 모든 현상에 적용되는 형식적인 부분을 다루는 것이라면, 도덕형이상학이란 '도덕법칙은 모든 인간에게 보편적으로 적용되어야 한다'와 같이 어떤 구체적인 인간이나 상황을 넘어 모든 인간 의지에 적용되는 형식적인 부분을 다루는 것이다.

유의해야 할 점은 자연학과 윤리학의 차이이다. 자연학과 윤리학은 둘 다 법칙(전자는 '자연법칙', 후자는 '도덕법칙')을 다룬다는 점에서는 같지만, 전자가 그것에 따라 모든 것이 '발생하는' 법칙을 다루는 반면, 후자는 '발생해야만 하는' 법칙을 다루는 점에서 확연히 구별된다. 어떠한 사물의 움직임도 자연법칙에 어긋날 수는 없다. 즉, 위에서 아래로 떨어지지 않는 물체는 있을 수가 없는 것이다. 그러나 도덕 법칙은 이와 다르다. 지금 우리 눈앞의 모든 사람이 자기이익만을 추구하는 삶을 살고 있다고 해서 모든 사람이 앞으로도 그래야만 한다는 법은 없는 것이다. 있는 그대로의 현상을 통해 발견하는 '자연의 법칙'과 지금까지의 사실이 어떠하든 앞으로 어떻게 살아야 할지를 지시하는 '자유의 법칙'은 그만큼 큰 차이가 있다. 『도덕형이상학 정초』에서 칸트가 주목하는 것은 바로 이 '자유의 법칙'이다.

2. 분업의 이점

칸트가 학문을 분류함에 있어 중시하는 점은 '경험적인 것'과 '순수한 것'을 분리해서 사고해야 한다는 것이다. 자연학, 윤리학, 논리학으로 분류했던 전통적 학문 분류에서 칸트가 새롭게 덧붙인 것은 사실상 이 세 가지 학문을 '경험적인 것이냐 순수한 것이냐'를 기준으로 한 번 더 분류한 것밖에 없다.

칸트가 이처럼 경험적인 것과 순수한 것을 분리해서 다

루려는 이유는, 경험적인 부분과 이성적인 부분은 그 다루는 방식이 전혀 달라서 각기 특별한 안목을 필요로 하는데도 그것을 뒤섞어 한 번에 다 하려고 하면 일을 제대로 해낼 수 없기 때문이다. 칸트는 이를 쉽게 설명하기 위해 분업이 가져다주는 효과를 예로 들고 있다.

모든 산업과 기술의 진보는 분업을 통해 이루어진다. 한 사람이 모든 일을 한꺼번에 하기보다 각자가 취급 방식에서 뚜렷이 구별되는 특정한 일에만 전념함으로써 우리는 전체적으로 일을 더욱 쉽고 완벽하게 해낼 수 있다. 일이 세분화되지 않고 각자가 만능 기술자처럼 모든 일을 해야 하는 곳에서는 산업이 제대로 발전할 수 없을 것이다(VI쪽).

윤리학에서 경험적인 부분은 우리의 개인적 성향이나 사회적 조건으로 인해 생겨난 행위 유형들과 관련된다. 여기에는 '나는 마초 기질의 남자를 싫어한다'와 같은 개인의 감정적 선호, '자식의 학력은 부모의 학력과 재산에 비례할 확률이 높다'와 같은 사회학적인 부분, '아동기에 경험한 큰 충격은 성인이 된 후에 트라우마를 남길 수 있다'와 같은 심리학적인 부분 등이 해당될 수 있을 것이다. 이러한 것들이 경험적인 것에 속하는 이유는 인간 삶의 사실과 관련된 것이기 때문이다. 이러한 경험적인 부분, 즉 실천적 인간학에 해당하는 부분은 어떤 조건이 변화함에 따라 얼마든지 변화할 수 있는 부분이다. 반면 순수한 부분은 이러한 인간 삶의 사실과는 무관한 것들이다. 예컨대 '죄 없는 사람을 죽여서는 안 된다'와 같은 원칙은 어떠한 개인적 선호나 사회적·심리적 사실과 상관없이 모든 사람에게 항상 동일하게 적용되어야 하는 것이다.

그래서 칸트는 경험적인 부분보다 순수한 부분을 중시한다. 경험적 사실에 좌우되지 않는 순수 이성에 의해 확립된 원칙만이 보편타당하고 일관될 수 있다고 보기 때문이다. 그러므로 윤리학의 성공 여부는 윤리학으로부터 모든 경험적인 요소들을 얼마나 잘 떨쳐낼 수 있을지에 달려 있다. 즉, 순수한 도덕철학(도덕형이상학)의 탐구에 달려 있는 것이다(Ⅶ쪽).

3. 순수한 도덕철학이 필요한 이유

칸트에 따르면, 이제 우리는 경험적 내용을 지닌 인간학에 속하는 모든 요소를 완전히 제거한 순수한 도덕철학을 한번 다루어 볼 필요가 있다. 인간은 누구나 의무나 도덕법칙의 이념을 이미 지니고 있기 때문에, 그러한 도덕철학이 있어야 한다는 것은 충분히 공감할 만한 일이다. 잘 알다시피 어떤 법칙이 도덕적인 구속력을 가지려면 그것은 절대적인 필연성을 지녀야 한다. 만일 어떤 규칙이 시간과 장소에 따라, 혹은 인간의 자연본성이나 세상의 형편에 따라 지켜질 때도 있고 지켜지지 않을 때도 있다면 그것을 법칙이라 부를 수는 없을 것이다. 따라서 도덕법칙의 구속력은 경험적인 근거에서가 아니라 오로지 순수한 이성 개념 안에서 선험적으로 찾아져야 한다. 경험에서 나온 원리에 근거한 다른 모든 지침은, 아무리 보편적인 것이라 할지라도, '실천의 규칙'은 될 수 있을지 모르나 결코 '도덕법칙'은 될 수 없을 것이다(VIII쪽).

그러므로 모든 도덕철학은 경험과 무관하게 순수한 이성

개념에서 그 법칙의 근거를 찾아야 한다. 도덕철학이 인간에게 적용될 때에도 그것은 인간에 대한 지식(인간학)에 의존해서는 안 되며, 오히려 인간에게 선험적으로 법칙을 부여해야 한다. 만일 순수한 이성에 근거한 도덕법칙이 없다면, 즉 "도덕적인 문제를 올바르게 평가할 기준과 최상의 규범이 없다면, 도덕 자체가 온갖 타락의 구렁텅이에서 벗어나지 못할 것이기 때문이다"(x쪽).

이와 같이 도덕법칙이 순수한 이성 개념에서 찾아져야 함을 역설한 다음, 칸트는 경험적 인간학의 역할과 의미에 대해서도 이야기한다.

선험적 법칙도 때로는 경험을 통해 다듬어진 판단력의 도움을 필요로 한다. 한편으로는 어떤 경우에 그 법칙을 적용해야 하는지 결정하기 위해서이고, 다른 한편으로는 인간의 의지가 그 법칙을 실행하는 데 힘을 얻도록 하기 위해서이다. 왜냐하면 인간은 갖가지 경향성의 영향 아래 놓여 있어서, 설사 그가 순수한 실천이성의 이념을 이해하고 있다 하더라도 그 법칙을 자신의 생활 속에서 구체적으로 실천하는 일은 쉽지 않기 때문이다(IX쪽).

물론, 경험적 인간학만으로 도덕법칙을 찾아내는 일은 불가능하다. 경험적 인간학은 다만 어떤 경우에 도덕법칙을 적용해야 할지를 파악하고 그것을 현실 속에서 잘 실행할 수 있도록 조언하는 역할을 할 수 있을 뿐이다. 그렇다 해도 이러한 경험적 인간학의 역할을 경시할 필요는 없을 것이다. 도덕법칙을 적절하게 적용함으로써 현실을 바르게 이끌어 갈 때 비로소 도덕법칙은 사람들에게 더 의미 있게 다가갈 수 있을 것이기 때문이다. 순수한 도덕철학을 통해 도덕법칙을 일단 확립한 다음에는, 도덕법칙을 현실에 적절하게 적용하고 많은 사람으로 하여금 그것을 더욱 쉽게 따르도록 하기 위해서 사회 현실이나 인간 심리의 작동 메커니즘을 정확히 파악하는 일은 분명 큰 도움이 될 것이다.

이러한 문제의식 아래 칸트는 자신의 '도덕형이상학 정초'를 볼프Ch. Wolff가 시도한 **일반 실천 철학**과 비교하면서, 자신의 작업이 볼프의 작업과는 확연히 구분된다는 점을 강조한다. 볼프는 "일체의 경험적 동기 없이 전적으로 선험적인 원리들에 의해 결정되는 순수한 의지를 따로 고찰하지 않고, 오히려 의욕하는 것 전부를, 즉 거기에 속하는 모든 행위와 조건을 함께 뒤섞어 고찰"(XI쪽)하는데, 이것은 자신의 도덕형이상학과는 다르다는 것이다.

칸트가 보기에 볼프의 도덕철학은 '경험적인 것'과 '순수한 것'을 뒤섞었기 때문에, 즉 실천적 인간학과 순수한 도덕철학을 구분하지 못하기 때문에 '도덕철학'이라고 불릴 만한 자격이 없다. 아니, 심지어 '철학'이라고 불려서도 안 된다(X쪽). 이와 같은 철학은 도덕의 순수성을 조금도 보존하지 못할 뿐만 아니라, 질적으로 서로 다른 것을 뒤섞음으로써 어느 쪽도 제대로 파악할 수 없게 하는 애매한 것에 불과한 것이다.

도덕형이상학과 실천적 인간학은 분명히 구분된다. 도덕형이상학은 **순수한** 의지의 이념과 원리들을 탐구할 뿐, 인간의 의욕 일반의 행위와 조건들을 탐구하지는 않는다. 이 후자는 대부분 심리학에서 다루는 것들이다. 심리학과 같은 실천적 인간학은 '우리가 어떻게 살아가고 있는가'(사실,

즉 경험적인 동기)에 대해 말해주기는 하지만, '우리가 어떻게 살아가야 하는가'(당위, 즉 도덕적인 동기)에 대해 말해주지는 않는다.

물론 실천적 인간학도 도덕법칙과 의무에 관해 언급하기는 한다. 하지만 그것은 도덕적인 동기와 경험적인 동기를 엄밀하게 구별하지 않는다. 전자가 오직 이성을 통해서 순전히 선험적으로 표상되는 동기라고 한다면, 후자는 단지 경험들을 비교해서 일반화한 동기일 뿐이다. 그래서 실천적 인간학은 동기의 원천이 다르다는 것을 무시하고 모든 동기를 동일한 종류로 간주하면서 단지 그 양量의 크기에만 주목한다. 그리고 이를 통해 **구속력**(도덕적 강제)의 개념을 도출하는데, 이런 개념은 당연히 도덕적인 것이 아니다. 왜냐하면 도덕은 경험적인 근거가 아니라 오직 선험적인 근거에 의해서만 정당화될 수 있기 때문이다(XII-XIII쪽).

4. 책 이름이 『도덕형이상학 정초』인 이유

'정초', 즉 '기초를 놓는다'[2]는 말뜻을 통해 짐작할 수 있듯이, 칸트가 이 책을 발간하는 목적은 장차 저술할 '도덕형이상학'을 위한 예비 작업에 해당한다. 자연형이상학을 위한 예비 작업이 이미 출간된 '순수한 사변이성 비판'(『순수이성비판』)이었듯이, 도덕형이상학을 위한 예비 작업은 **순수한 실천이성** 비판'(『실천이성비판』)일 수밖에 없다.[3] 그런데도 '실천이성비판'이라는 표현 대신 이 책을 '도덕형이상학 정초'

---

2 '정초(定礎)'라는 한자어는 '주춧돌을 놓다'는 뜻으로, 독일어 Grundlegung [Grund(근거 혹은 토대)+legung(놓음)]의 번역어이다. 풀어쓰면 '기초 놓기' 또는 '근거 지움' 정도가 될 수 있을 것이다.

3 칸트의 양대 비판서인 『순수이성비판』과 『실천이성비판』의 명칭과 관련하여, 왜 전자는 "순수 사변이성 비판"에서 '사변'이 생략되고, 후자는 "순수 실천이성 비판"에서 '순수'가 생략되었는지 궁금해 하는 사람이 있는데, 그 이유는 다음과 같다. 우선 『순수이성비판』에서 '사변'이 생략된 이유는 사변이성이 이성을 대표한다는 생각 때문인 듯하고, 또 '순수'를 명시한 이유는 순수한 사변(이론) 이성이 순전히 사변적인 개념(이념)에다 실재성을 부여함으로써 문제를 일으키는 경우가 많았기 때문이다. 다시 말해서, 경험에 의하지 않고는 결코 알 수 없는 것까지 순수한 이성만으로 알 수 있다고 주장함으로써 야기된 혼란을 바로잡기 위해, '순수한' 이성의 능력을 비판적으로 검토하는 작업이기 때문이다. 그러니까 그것은 순수한 사변이성이 경험적으로 사용되는 것을 방지하기 위한 것이다. 반면에 『실천이성비판』은 '순수한' 실천이성에 대한 비판이 아니라 실천이성 '일반'에 대한 비판으로서, '경험적'으로 제약된 이성이 의지의 규정 근거를 제공하려는 월권을 비판하는 것이다. 다시 말해서, 오직 순수한 이성만이 의지를 규정할 수 있다는 것을 보여주려는 것이다. 그러니까 그것은 경험적으로 제약된 이성이 초경험적인 영역까지 함부로 농단하는 것을 방지하기 위한 것이다(『실천이성비판』, 백종현 역, 아카넷, 2002, 역주 28쪽 참조).

라고 이름 붙인 이유는 다음과 같다.

첫째, '순수한 실천이성에 대한 비판'은 '순수한 사변이성에 대한 비판'만큼 그렇게 필요한 것은 아니기 때문이다. 즉, 인간의 이성은 그것을 순수하게 이론적으로 사용할 때에는 자기 모순적이 되기 쉽지만(그래서 엄밀한 비판적 검토가 필요하지만), 도덕적인 것과 관련해서는 아주 평범한 사람조차도 이를 아주 쉽고 정확하게 사용할 수 있기 때문이다(XIII쪽).

자연의 법칙을 파악하는 것은 평범한 사람에게는 대단히 복잡하고 힘든 일이다. 물리 법칙이나 화학 법칙은 대단히 복잡하고 어려운 공식으로 이루어져 있어 그 자체만을 이해하는 것도 평범한 사람에게는 쉽지 않다. 게다가 어디까지 과학적인 방법으로 접근할 수 있는지, 과학적인 방법으로 접근해서는 안 되는 부분을 과학적인 방법으로 접근했을 때 어떤 문제가 생기는지를 이해하는 것도 매우 힘든 일이 아닐 수 없다. 이에 비해 인간의 어떤 행동이 도덕적으로 바람직하고 어떤 행동이 그렇지 않은지를 파악하는 일은 비교적 수월하다고 할 수 있다. 사람들은 누구나 '착한 행동'이 어떤 것인지 알고 있으며, 좋은 행동과 나쁜 행동

또한 대개는 구별할 수 있기 때문이다.

둘째, '순수한 실천이성에 대한 비판'은 실천이성과 사변이성이 공통의 원리 안에서 하나로 통합된다는 것, 즉 이성은 그 적용에서만 구별될 뿐 결국 동일한 하나의 이성이라는 것을 보여주는 작업이어야 하는데도 이 책에서는 그것을 할 수 없기 때문이다. 다시 말해, 그렇게 하려면 더욱 엄밀한 전혀 다른 방식의 논의를 해야 하고, 이는 오히려 독자들을 혼란스럽게 만들 수 있기 때문이다. 그래서 칸트는 **순수 실천이성 비판**이라는 명칭 대신에 **도덕형이상학 정초**라는 명칭을 쓰고자 한다(XIV쪽).[4] 사변이성과 실천이성을 아우른 다음 그 통합된 이성에 대해 논하기에 앞서 우선 실천이성에 대해 그 기초를 놓는 작업을 독자적으로 하고 싶은 것이다.

---

4 칸트는 1785년에 『도덕형이상학 정초』를 쓴 다음에 1788년에 『실천이성비판』을, 그리고 1797년에 『도덕형이상학』을 순차적으로 씀으로써 자신의 윤리학 저술을 완성한다. 『도덕형이상학 정초』가 칸트 윤리학의 포괄적 입문서에 해당한다면, 『실천이성비판』은 그 체계의 핵심을 담은 본론에 해당하고, 『도덕형이상학』은 위 두 책을 통해 수립된 원칙으로부터 실천 세칙을 연역해 놓은 일종의 응용윤리학이라 할 수 있다(위의 책, 29쪽 참조).

셋째, '도덕형이상학'은 비록 그 이름은 거창해도 평범한 지성인이나 대중조차 쉽게 이해할 수 있는 것이어서, 그것의 기초를 놓는 일을 그것에 대해 본격적으로 논의하는 일에서 분리하는 것이 유용하다고 생각하기 때문이다. 다시 말해, 장차 '실천이성비판'에서 전개해야 할 정교한 논의를 여기 '기초 놓기'에서 덧붙일 필요는 없다고 보기 때문이다(XIV쪽).

5. 『도덕형이상학 정초』의 목표와 방법

칸트에 의하면 이 '정초'의 목표는 무엇보다 **도덕성의 최상의 원리**를 찾아서 그것을 확립하는 일이다. 이것이 바로 이 책이 의도하는 전부이며, 다른 모든 도덕적 탐구와 차별화되는 점이다. 도덕성의 최상의 원리를 찾아서 확립하는 일은 매우 중요함에도 불구하고 아직까지 만족스럽게 논의되지 못한 주제이다. 사실, 도덕성의 원리를 찾아서 '확립'하는 일보다는 우선 확실해 보이는 원리들을 가지고 도덕의 전체 체계에 '적용'하는 일이 훨씬 쉬울 것이다. 경험적인 것은 누구나 쉽게 받아들일 수 있을 뿐만 아니라, 현실 속의 예시를 들어 설명하면 독자들이 그 내용을 더욱 쉽게 이해할 수 있을 것이기 때문이다.

하지만 "하나의 원리가 손쉽게 사용될 수 있고 또 그렇게 적용하는 것만으로 충분해 보인다고 해서 그 원리가 옳은 것으로 증명된 것은 아니다"(xv쪽). 그리고 옳은 것으로 증명되지도 않은 원리를 함부로 적용하는 것은 모두에게 유익하지 않은 일이 될 것이 분명하다. 이에 칸트는 아직 확립되지도 않은 원리를 서둘러 적용하려 하기보다, 결과에 대한 고려를 떠나 아주 엄밀하게 탐구하고 숙고함으로써 최상의 원리를 찾아 확립하는 일을 최우선적으로 요청한다.

변화하는 현실의 다양한 모습 속에서 불변하는 도덕적 원리를 찾아내어 확립하는 일은 어려운 작업이다. 하지만 이것은 반드시 해내야 할 중요한 일이다. 확고한 원리가 세워지지 않는다면 늘 변화하는 현실 속에서 이리저리 흔들릴 수밖에 없기 때문이다.

칸트가 이 책에서 논의를 전개하는 방법은 '먼저 평범한 도덕 인식에서 출발'한다는 것이다. 이는 칸트가 앞서 밝힌 바와 같이 '도덕과 관련된 일에서 인간의 이성은 아주 평범한 사람에게서도 매우 쉽고 정확하게 사용될 수 있기 때문'이다. 그래서 칸트는 우선 평범한 도덕인식에서 출발하여 도덕성의 최상의 원리를 확립하는 데까지는 분석적인 방법을 사용하고자 한다. '도덕'에 대하여 일반적인 사람들이 가지고 있는 상식을 바탕으로 그 속에서 도덕의 원리를 분석적으로 밝혀낸다는 것이다. 그런 다음에 그 원리를 검토하고 그 원리의 원천에서 출발하여 그것이 적용되는 일상적 인식에 이르는 데까지는 종합적인 방법을 사용하고자 한다(XVI쪽).

따라서 이 책의 각 장은 다음과 같이 구성된다.

1. 제1장: 도덕에 대한 평범한 인식에서 철학적 인식으로 넘어감.
2. 제2장: 대중적 도덕철학에서 도덕형이상학으로 넘어감.
3. 제3장: 도덕형이상학에서 순수한 실천이성 비판으로 넘어감.

제1장
도덕에 대한 평범한 인식에서 철학적 인식으로 넘어감

1. 선의지

칸트에 의하면, 실천이성은 이론이성과는 달리 추상적인 사고를 즐겨하지 않는 우리 같은 평범한 사람도 비교적 쉽고 정확하게 사용할 수 있다. 그래서 『도덕형이상학 정초』 제1장은 도덕에 대한 '일상적인 인식'을 고찰하는 것으로 시작한다.

이미 유명해진 첫 문장을 통해서 우리는 칸트가 도덕에서 무엇을 중시하는지를 짐작할 수 있다.

이 세상 안에서뿐만 아니라 이 세상 밖에서도 무제한적으로 선하다고 할 수 있는 것은 오직 선의지뿐이다(1쪽).

이 첫 구절에서 칸트는 선한 의지에 절대적인 가치를 부여하고 있다. 이 세상에서 선하다고 할 수 있는 것은 '오직' 선한 의지뿐인데, 그것은 '무제한적'으로 선할 뿐만 아니라, 그 가치는 심지어 '이 세상 밖으로까지' 이어진다고 말한다.

우선 흥미로운 것은 칸트가 '이 세상 밖'이라는 것을 가정하고 있다는 점이다. 이는 독특한 사고방식이 아닐 수 없다. 대개 사람들은 이 세상 안에서 일어나는 일에 관심을 가지며, 그러한 일을 해결하는 데 필요하거나 유용한 것들에 대해 가치를 부여하면서 살아간다. 예컨대 돈이나 권력 같은 것이 여기에 해당할 것이다. 그리고 이러한 것들은 '이 세상'이라는 조건이 사라지면 가치를 상실한다(예컨대 죽음을 눈앞에 둔 사람의 경우). 하지만 칸트는 '이 세상 밖'에서도 가치를 가지는 것에 대해 말하고 있다. 그것은 '이 세계 안'의 여러 가지 조건 아래에서만 가치를 가지는 것이 아니라, 그러한 조건들을 넘어서 '제한 없이' 가치를 가지는 것을 가리킨다. 즉, 아무리 시간이 흐르더라도, 아무리 환경이 바뀌더라도 언제나 변함없이 '영원한' 가치를 가지는 것을 가리킨다.

칸트는 이렇게 절대적인 가치를 지닌 것은 '오직' 선의지밖에 없다고 말한다. 다른 가치들은 조건적이어서 특정한 조건 아래에서만 가치를 가지는 반면, 선의지는 그 어떤 조건과도 상관없이 그 자체로 가치 있는 유일한 것으로서, 다른 것들과는 질적으로 다른 가치를 지닌 것으로 보아야 한다는 것이다.

칸트는 선한 의지와 비교되는 나머지 가치들을 세 가지 종류로 나눈다. 첫째는 정신적 **재능**이다. 여기에는 지성, 재치, 판단력 등이 포함된다. 두 번째는 타고난 **기질**이다. 여기에는 용기, 결단력, 끈기 같은 것이 포함된다. 끝으로 **행운의 자질**이다. 여기에는 권력, 부, 명예, 심지어 건강도, 그리고 **행복**이라 불릴 만한 편안함과 자기만족 같은 것도 포함된다. 칸트는 이러한 모든 가치도 "물론 좋고 바람직하다"고 말한다. 그렇지만 이러한 것들의 가치는 선의지에 의해 제한된다. 그것들은 선의지를 전제로 할 때에만 가치를 가지는 것으로서, 결코 무조건적으로 선하다고 할 수는 없기 때문이다. 사실, 선의지가 뒷받침되지 않을 경우 그것들은 아주 악한 것이 될 수도 있다. 예컨대 악한의 냉철함은 그를 더욱 위험하게 만들고 또한 더욱 가증스럽게 만들 것이다(2-3쪽).

칸트의 이러한 설명은 상식적으로 쉽게 이해할 수 있다. 재능이 많은 사람이 그 재능을 나쁜 방향으로 사용한다면 재능이 적은 사람이 그렇게 하는 경우보다 더 큰 피해를 끼칠 것이 분명하다. 그러한 사람은 자신의 재능을 이용해 나쁜 짓을 더 효과적으로 할 수 있을 것이며, 나쁜 짓을 저지르고도 들키지 않고 교묘하게 빠져나갈 수 있을 것이다. 돈이나 권력도 마찬가지이다. 그것을 자신의 사리사욕을 위해서만 쓴다면 나쁜 일이겠지만, 타인을 돕는 데 쓴다면 좋은 일일 것이다. 돈이나 권력 그 자체에는 절대적인 가치가 있는 것이 아니다.

선의지만이 무제한적으로 선하다는 선언에 이어서 칸트는 선의지의 또 다른 속성에 대해서 말한다.

선의지는 그것이 실현하거나 성취한 것 때문에, 또는 이미 주어진 어떤 목적을 달성하는 데 쓸모가 있기 때문에 선한 것이 아니라, 오로지 그렇게 하기로 마음먹는 일 자체로 선한 것이다(3쪽).

여기서 우리는 동기를 중시하는 칸트의 입장을 확인할 수 있다. 행위의 선·악을 결정하는 것은 행위의 결과가 아니라 오직 그 행위를 낳은 의지일 뿐이라는 것이다. 칸트의 이러한 '동기주의'[5]는 선의지의 '무조건적인 가치'라는 속성에서 파생된 것으로 볼 수 있다. 만일 선의지가 어떤 다른 가치를 위해서(특정한 결과를 낳기 위해서) 필요한 것이라면, 그것은 무조건적 가치를 지닌다고 말할 수 없다. 어떤 결과도 고려하지 않은 채 오직 그렇게 하기로 마음먹는다는 사실 자체만으로 이미 다른 모든 가치를 뛰어넘는 것이어야만 무조건적인 가치를 지닌다고 할 수 있다. 칸트가 볼 때,

---

5 여기서 말하는 '동기주의'는 행위를 촉발하는 '심리적 동기'에 주목한다는 뜻이 아니라, 행위의 결과 대신 그렇게 하기로 마음먹은 의지에 주목한다는 뜻이다.

행위의 결과란 우리 의지의 힘만으로 보장될 수 있는 것이 아니라, 너무나 많은 외적 변수와 우연에 의해 좌우되기 때문에 도덕성의 척도가 될 수 없다. 도덕적 선·악의 판단은 오직 행위자가 책임질 수 있는 영역, 다시 말해서 행위자의 의지와 관련해서만 내려질 수 있는 것이다. 그래서 칸트는 다음과 같이 선언한다.

비록 운이 따라주지 않거나 어쩔 수 없는 자연적 조건으로 인해 선의지가 자기의 의도를 성취할 수 없다 하더라도, 그래서 최대한 노력했음에도 결국 아무것도 성취하지 못한 채 오직 선의지만 남게 된다 하더라도, 선의지는 그 자체만으로 자신 안에 온전한 가치를 지닌 것으로서 보석과 같이 빛날 것이다. 무엇에 유익하다거나 무익하다는 평가는 선의지가 지닌 가치에 아무런 영향도 미칠 수 없다(4쪽).

2. 이성이 주어진 이유와 과제

선의지를 최고의 가치로 설정한 다음에 칸트는 이성이

인간에게 주어진 이유와 과제에 대해 자신의 독특한 주장을 펼친다. 잘 알다시피 이성은 인간을 다른 존재와 구별시켜 주는 특별한 능력이다. 인간은 다른 동물과 달리 생각하는 능력이 있어서 단지 본능적 충동과 같은 생물학적 기제에 의해서만 행동하는 것이 아니라, 더 고차원적으로 행동할 수 있다. 그러므로 이성이 인간에게 주어진 이유와 과제를 묻는 것은 인간이 (다른 존재와 달리) '인간답게' 살기 위해서는 어떻게 살아야 하는지를 묻는 것이라고 할 수 있다.

칸트가 이성의 역할을 묻는 과정에서 겨냥하고 있는 것은 '행복주의'에 대한 비판이다. 많은 사람은 행복을 인간 행위의 궁극적 목적으로 본다. 아리스토텔레스와 공리주의가 대표적인 예이다. 하지만 칸트는 이러한 행복주의를 인간이 추구할 바가 아니라고 주장한다. 다시 말해서, 행복은 인간 이성의 목표가 될 수 없다는 것이다. 왜냐하면 행복은 이성보다 오히려 본능에 의해 더 잘 달성되기 때문이라는 것이다. 칸트의 말을 들어보자.

이성과 의지를 가진 [인간과 같은] 존재의 본래 목적이 자기의 보존과 번영, 즉 행복에 있다고 하자. 그리고 자연이 그러한 목적을 달성하는 역할을 이성에 맡겼다고 하자. 그렇다면 자연은 아주 잘못된 준비를 갖추어준 셈이다. 왜냐하면 그러한 목적은 이성보다는 오히려 본능에 의해 훨씬 잘 달성되기 때문이다. … 자연은 이성이 실천의 도구가 되어 행복 달성의 수단으로 섣불리 사용되는 일이 없도록 예방했어야 마땅하다. 자연은 [행복이라는] 목적뿐만 아니라 그 목적을 달성하는 수단을 찾는 일도 오직 본능에 맡겨두는 편이 훨씬 나았을 것이다(4-5쪽).

이러한 주장을 뒷받침하기 위해 칸트는 학자들의 경험을 이야기한다. 그 이유는 아마도 학자들이야말로 이성을 가장 많이 사용하는 집단이고, 칸트 본인도 학자이기 때문일 것이다. 그래서 학자들이 이성에 대해 가지는 견해가 이성의 진정한 역할을 보여주는 데 중요한 근거가 된다고 생각했을 것이다. 다음 인용문은 칸트의 이러한 생각을 잘 보여준다.

[학자들이] 학문을 통해 행복을 얻었다기보다는 오히려 고통만 더 짊어지게 되었다는 것은 누구나 인정할 것이다. 그래서 학자들은, 순전히 자연본능에 자신을 내맡기고 모든 행동에서 이성의 영향을 거의 받지 않는 세속적인 사람들을 경멸하기는커녕 오히려 부러워한다(6쪽).

이성을 많이 사용한다는 것은 다른 사람보다 생각을 더 깊고 체계적으로 한다는 것이고, 남들은 적당히 받아들이는 현실에 대해서도 의문을 가지고 더 이상적인 상태를 위해 노력한다는 것을 의미한다. 그렇기 때문에 이성적인 능력이 뛰어난 사람은 남들보다 정신적인 스트레스를 많이 받을 수밖에 없다. 그런 사람은 보통 사람들이 적당히 넘어갈 일도 쉽게 넘기지 못하고 문제의 핵심을 파고들어 그것을 개선하고자 한다. 또 보통 사람들이 자기 자신에 대해 만족하면서 자신이 아무런 문제가 없는 것처럼 생각할 때에도, 그런 사람은 자기 자신의 약점에 대해 반성하며 이를 개선하기 위한 많은 노력을 기울인다. 이처럼 늘 반성하며 사는 삶은 힘든 삶일 수밖에 없다. 따라서 행복은 이성적이지 않아서 별로 걱정 근심이 없는 사람, 걱정 근심이 없기 때문에 잘 먹고 잘 자고 쉽게 만족하는 사람이 얻을 수 있는 것이지, 이성적 능력이 뛰어난 사람이 얻을 수 있는 것은 아니다.

이처럼 이성의 역할이 우리에게 행복을 가져다주는 것이 아니라면, 아니 오히려 행복을 추구하는 데 방해만 되는 것이라면, 이성의 진정한 역할은 무엇일까? 칸트가 보기에, 이성이 주어진 이유는 행복이나 만족을 얻는 일보다 훨씬 더 고상한 다른 목적을 위해서이다. 이성은 본래 행복이 아니라 전적으로 이 목적에 맞추어져 있는 것이며, 그렇기 때문에 (행복 같은) 인간의 사사로운 목적은 언제나 이 최상의 목적 뒤에 있어야 한다는 것이다(6쪽). 이제 칸트는 "이성의 참된 사명은 어떤 다른 목적을 위한 **수단**이 아니라, **그 자체로 선한 의지**를 만들어내는 것"(7쪽)이라고 말한다. 그렇다면 그 자체로 선한 의지는 어떤 의지일까?

3. 선의지와 의무

이성이 주어진 이유로서 상정되는 것, 인간이 자신의 진정한 가치를 실현하기 위한 유일한 방법으로 생각될 수 있는 것, 그것은 바로 선한 의지를 실현하는 것이다. 그런데 칸트에 따르면, 선한 의지는 우리 안에 이미 깃들어 있다.

> 그 자체로 높이 평가되어야 하고 또 더 이상의 의도 없이 선한 의지라는 이 개념은 건전한 지성 안에 이미 깃들어 있다. 따라서 새삼스럽게 가르칠 필요는 없으며 단지 일깨우기만 하면 된다(8쪽).

이러한 칸트의 언급은 인간의 본성에 대한 신뢰를 보여준다. 무제한적인 가치를 지녀서 이 세상 그 어떤 것보다도 소중한 선의지를 우리 인간은 자기 내면에 이미 지니고 있다고 말하기 때문이다. 이는 또한 인간이 적어도 선의지를 실현할 수 있는 가능성을 타고났음을 함축한다는 점에서, 인간이 무한한 가치를 지닌다는 뜻으로 해석될 수도 있다. 한편 칸트의 이러한 사고방식은 모든 사람에게는 이미 불성佛性이 내재하므로 우리는 단지 이를 깨닫기만 하면 된다는 불교의 사고방식과도 일맥상통한다고 할 수 있다.

우리 안에는 본래 선의지가 깃들어 있으므로, 우리에게 남은 임무는 "모든 가치의 조건이 되는 이 선의지라는 개념을 명백히 하는" 일이다. 그리고 이를 위해 칸트가 도입하는 개념은 **의무**이다. 칸트에 따르면 "의무라는 개념은, 비록 인간의 주관적 제약과 방해를 받기는 해도, 선한 의지라는 개념을 포함"하고 있다(8쪽). 이는 선의지가 (유한한) 인간이라는 조건 속에서는 '의무'의 형식을 통해 나타난다는 것을 의미한다. 신과 같이 완전히 선한 의지를 가진 존재에게는 의무가 부과될 필요가 없을 것이다. 그러한 존재는 어떤 것을 해야 한다는 강요가 없어도 선한 의지를 항상 실현할 것이기 때문이다. 그리고 동물과 같이 이성적 능력이 결여된 존재에게도 의무가 적용되지 않을 것이다. 선택하는 능력이 없는 존재에게는 의무도 명령도 아무런 의미가 없기 때문이다. 인간과 같이 한편으로는 선의지를, 다른 한편으로는 욕망을 가지고 있는 존재에게만이 '의무'라는 개념이 적용될 수 있다. 욕망 때문에 선의지의 실현이 제약되는 경향을 가지고 있으면서 동시에 신의지의 작동으로 이런 경향에 맞설 수 있을 때 의무가 발생하는 것이기 때문이다.

또 칸트에 따르면, "인간적인 제약과 방해[욕망]는 선의지를 가려서 알아볼 수 없게 만드는 것이 아니라, 오히려 [제약이 없는 경우와의] 뚜렷한 대조를 통해 선의지를 더욱 두드러지게 하고 더욱 밝게 빛나게 한다"(8쪽). 본래부터 착한 영혼을 타고나서 별다른 노력을 하지 않아도 착한 행동을 하는 사람보다는, 타고난 본성은 그리 착하지 못해도 끊임없는 반성과 노력을 통해 착한 행동을 하게 된 사람이 선의지의 가치를 더 분명하게 깨달을 것이다. 쉽게 얻은 것보다는 어렵게 얻은 것에 대해 사람들은 그 소중함을 더 절실히 느낄 것이기 때문이다. 그리고 편안하고 우호적인 환경 속에서 착한 행동을 하는 사람보다는 척박하고 적대적인 환경 속에서도 착한 본성을 잃지 않는 사람이 더 훌륭한 사람이라고 할 수 있다. 그러한 사람은 어려운 여건 속에서도 착한 본성을 잃지 않은 사람이기 때문이다. 마찬가지로 인간적인 제약하의 선의지는 아무런 제약이 없는 상황에서의 선의지보다 더욱 밝게 빛난다고 할 수 있다. 이때의 선의지는 외부의 방해와 어려움 속에서도 그 빛을 잃지 않고 있는 것이기 때문이다.

　의무에 따른 행위를 할 때에 중요한 것은, 의무에 따른 행위가 단순히 '의무에 맞는' 행위여서는 안 되고 오직 '의무이기 때문에' 행해지는 것이어야 한다는 점이다. 단순히 '의무에 맞는' 행위는 속으로는 그 행위를 전혀 의무로 여기지 않는데도 단지 우연한 조건 때문에 그렇게 보이는 행위일 수도 있다. 혹은 다른 어떤 이익을 얻기 위한 수단으로서 그러한 행위를 하는 것일 수도 있다. 이처럼 다른 어떤 조건 때문이거나 어떤 목적을 달성하기 위해서 행해진 행위는 무제한적으로 선한 행위라고 할 수 없다. 그러한 행위는 그것을 이끌었던 조건이나 목적이 사라지면 함께 사라질 행위로서 우연적인 행위에 불과한 것이다.

　칸트는 순전히 '의무이기 때문에' 행해진 행위와 그렇지 않은 행위를 구별하기 위해서 '의무이기 때문에' 행해진 행위가 아닌 세 가지 경우를 제시한다. 첫 번째 경우는 '의무에 어긋나는 행위'이다. 칸트는 이러한 행위를 무시한다. 왜냐하면 그러한 행위는 "이미 의무와 대립하기 때문에, 과연 그것이 **의무로부터**aus Pflicht 비롯한 것인지 아닌지에 대해서는 물어볼 필요조차 없기 때문이다"(8쪽). 두 번째 경우는 '의무에 맞는 행위라 하더라도 그런 행위를 향한 직접적인 **경향성이 없이** 다른 경향성 때문에 어쩔 수 없이 하게 된 행위'이다. 칸트는 이러한 행위도 무시한다. "그런 행위가 의무이기 때문에 행해진 것인지 아니면 다른 이기적인 의도에서 행해진 것인지는 쉽게 구별되기 때문이다"(8-9쪽). 세 번째 경우는 '의무에도 맞고 또 그것을 하고자 하는 직접적인 경향성도 가진 행위'이다. 이 마지막 경우만이 칸트가 의무를 부각시키기 위해 중요하게 분석해 보아야 할 것으로 제시하는 행위이다.

칸트는 여기에 해당하는 행위로서 네 가지 종류의 예를 든다. 첫 번째 사례는 공정한 가격으로 물건을 파는 상인의 경우이다. 가게 주인이 어리숙한 손님이나 어린아이라고 해서 속이지 않고 모든 사람을 정직하게 대하는 것은 물론 '의무에 맞는' 일이다. 그러나 그렇다고 해서 그 상인이 '의무로부터' 그렇게 했다고 믿기에는 아직 충분하지 않다. 공정한 가격으로 물건을 파는 것이 자신의 장기적인 이익에 도움이 된다는 계산에서 그렇게 할 수도 있기 때문이다. 오직 정직이라는 원칙과 의무 때문에 그렇게 할 경우에만 행위는 도덕적 가치를 가지게 된다.

두 번째 사례는 자신의 생명을 보존하는 행위이다. 칸트에 의하면 "모든 사람은 자신의 생명을 보존하려는 직접적인 경향성을 가지고 있다"(9쪽). 그러므로 이러한 자기 보존의 행위는 단지 경향성에 의한 행동일 뿐이다. 다시 말해서 그런 행위는 "**의무에 맞는** 것이긴 하지만, **의무에서 비롯한** 것은 아니다"(9-10쪽). 그에 반해, 지독한 불운과 슬픔 때문에 살고 싶은 마음을 완전히 잃어버린 상태에서도 오로지 자신의 생명을 보존하는 것이 의무라고 생각해서 그렇게 행하는 경우가 있다면, 그런 행위의 준칙만이 도덕적 내용을 가진다고 칸트는 주장한다.

세 번째 사례는 타인에게 자선을 베푸는 행위이다. 칸트에 따르면, 타인에게 자선을 베푸는 행위라고 해서 모두 의무로부터 행해진 것은 아니다. 설사 허영심이나 자기 이익 같은 다른 동기 때문에 행해진 경우가 아니라고 할지라도, 경향성에 의해 행해진 행위라면 역시 마찬가지이기 때문이다. 예컨대 타고난 동정심으로 자선을 베푸는 사람의 행위는 "의무에 맞고 매우 사랑받을 만한 것이기는 하지만, 아무런 참된 도덕적 가치를 갖지 못한다. … 거기에는 경향성이 아니라 의무에서 행하는 도덕적 내용이 결여되어 있기 때문이다"(10쪽). 그런데 만일 어떤 동정심 많은 박애주의자가 엄청난 슬픔을 겪는 과정에서 타인의 불운에 대한 동정심이 모두 사라져버렸는데도 그가 이런 극심한 무관심에서 벗어나 "아무런 경향성 없이 오로지 의무이기 때문에 자선을 행한다면, 이때 그의 행위는 비로소 참된 도덕적 가치를 가지게 된다"(11쪽).

네 번째 사례는 자기 자신의 행복 추구와 관련된 행위이다. 칸트에 따르면, 자기 자신의 행복을 추구하는 일도 일종의 의무이기는 하다. "왜냐하면 자신의 처지에 만족하지 못해서 많은 걱정거리와 욕구불만에 휩싸이게 되면, **의무를 위반하는 유혹에 그만큼 쉽게 빠질 수 있기 때문이다**"(12쪽). 하지만 모든 인간은 이미 스스로 행복을 향한 강력한 내적 경향성을 가지고 있으므로, 굳이 자신의 행복을 추구하라는 (자기 사랑의) 의무를 강조할 필요는 없다. "왜냐하면 경향성으로서의 사랑은 명령될 수 없기 때문이다." '자기 사랑'이 도덕적 가치를 가지는 경우는 오직 한 가지, "경향성에서가 아니라 의무에서 자기의 행복을 증진하는" 경우뿐이다(13쪽).

이상 네 가지 사례를 통해 칸트가 한결같이 강조하고 있는 점을 요약하자면, 그것은 어떤 행위가 참된 도덕적 가치를 가지려면 경향성에서가 아니라 오로지 의무에서 행해져야 한다는 것이다.

4. 행위의 도덕적 가치는 '준칙'에 달려 있다

앞서 칸트는 행위를 함에 있어 경향성의 영향을 완전히 제거해야 한다고 말했다. 그렇다면 인간을 행위로 이끄는 원동력은 무엇이어야 하는지가 의문이 아닐 수 없다. 왜냐하면 "의지는 무엇인가에 의해 결정되어야 하는데"(14쪽) 행복과 같은 목적을 추구하는 동기는 물론이고 개인적인 경향성의 영향도 모두 제거한다고 했기 때문이다. 칸트에 의하면 그러한 외적인 것들과 개인적인 경향성을 모두 제거한 다음에 남는 것은 바로 "그 행위를 하고자 결심할 때 따르는 주관적인 행위 원리, 즉 준칙"이다. 이 준칙만이 행위의 도덕적 가치를 좌우한다.[6] 반면에 "우리가 행위할 때 가질 수 있는 의도와, 의지의 목적이나 동기와 같은 작용들[결과들]은 결코 행위에 무조건적인 도덕적 가치를 부여할 수 없다"(13쪽). 준칙만이 행위의 도덕성을 좌우한다는 의미는, 우리가 스스로 어떠한 행위를 하려고 마음먹는 결단에 의해서만 그 행위가 도덕적인지 아닌지가 결정된다는 것이다. 그렇다면 이제 관심의 초점은 과연 어떤 준칙이어야 하는가의 문제, 즉 준칙의 성질에 놓여 있게 된다.

---

6 '준칙'의 의미를 좀 더 쉽게 설명하는 부분을 우리는 칸트의 『교육론(Pädagogik)』에서 찾아볼 수 있다. 다음 글을 통해 우리는, 칸트에게 행위의 도덕성은 그 행위가 단지 경험적 축적, 즉 수련, 반복, 습관화의 산물인지, 아니면 '오로지 그것이 선하기 때문'이라는 이성적 자각, 즉 준칙의 산물인지에 따라 좌우된다는 것을 알 수 있다.
   "도덕적 도야(Kultur)는 훈련이 아니라 준칙에 기초를 둔다. 만일 우리가 도덕적 도야를 사례, 위협, 처벌 등에 의존하려 한다면 모든 것을 망치게 된다. 그 경우 그러한 도야는 단지 훈련[익숙해짐]에 불과할 것이다. 아동이 습관 때문이 아니라 준칙 때문에 선하게 행동하는지, 단지 선을 행할 뿐만 아니라 그것이 선이기 때문에 선을 행하는지를 우리는 지켜보아야 한다. 왜냐하면 행위의 모든 도덕적 가치는 선의 준칙 안에 존재하기 때문이다"(『교육론』 A 86).

5. 도덕적 행위의 동기로서 '법칙에 대한 존경심'

칸트는 "의무란 법칙에 대한 존경심 때문에 반드시 어떤 행위를 할 수밖에 없는 것"(14쪽)이라고 말한다. 즉, 칸트가 도덕적 행위의 동기로 삼는 것은 '법칙에 대한 존경심'이다. 법칙에 대한 존경심에서 나온 행위는 경향성에 따른 행위와는 구별된다. 이러한 행위는 내가 좋아하는 어떤 것을 얻기 위한 행위, 나의 욕망을 충족하기 위한 행위, 나의 장기적인 이익이나 행복에 부합하는 행위가 아니다. 오로지 도덕적으로 옳기 때문에 나를 움직이게 만드는 그런 행위이다. 칸트의 설명을 더 들어보자.

나는 나의 행위가 일으킨 작용인 결과에 대해 경향성을 가질 수는 있지만, 결코 존경심을 가질 수는 없다. 왜냐하면 그것은 한낱 작용일 뿐 의지의 활동은 아니기 때문이다. 마찬가지로 나는 경향성 일반에 대해서도, 그것이 나의 것이든 남의 것이든 간에, 존경심을 가질 수는 없다. … 오직 나의 의지의 작용이 아니라 그 근거가 되는 것, 나의 경향성에 봉사

하는 것이 아니라 그것을 압도하는 것, 선택할 때 이 경향성
에 대한 고려를 전적으로 배제하는 것, 말하자면 순수한 법
칙 그 자체만이 존경의 대상이 될 수 있고 또 명령이 될 수
있다(14-15쪽).

이제 칸트는, 우리의 의지를 결정하는 요인들 중에서 경
향성의 영향과 함께 의지의 모든 대상을 완전히 제거한 후
에 남게 되는 것은 "객관적으로는 **법칙**, 주관적으로는 이
실천적 법칙에 대한 **순수한 존경심뿐**"[7](15쪽)이라고 말한다.
이로써 우리는 칸트가 말하고자 하는 준칙의 성질을 확인
할 수 있다. 그것은 바로 '법칙에 대한 존경심에서 그 법칙
을 따르고자 하는 준칙'이다.

이 시점에서 칸트는 '존경심'이라는 표현에 대한 세간의
오해를 불식시키기 위해 거기에 대한 해명을 시도한다.

---

7 준칙(Maxime)은 의욕[~을 하려고 함]의 주관적 원리이다. 객관적 원리(즉, 이성이
인간의 욕구능력을 완전히 통제할 수 있다면, 모든 이성적 존재에게 주관적으로도 실천
적 원리가 될 수 있는 것)는 실천 **법칙**이다. (원주)

존경심이 비록 하나의 감정이긴 하지만 그것은 외부의 영향에 의해 받아들여진 감정이 아니라 이성개념 자신이 일으킨 감정으로서, 경향성이나 공포심 같은 감정과는 질적으로 구분된다. … 그것은 나의 감관에 미치는 어떠한 다른 영향에도 구애받지 않고 나의 의지가 오로지 하나의 법칙에 복종한다는 의식을 의미한다. 존경심의 대상은 오로지 법칙뿐이다. 그것도 우리가 우리 자신에게 스스로 반드시 지켜야 하는 것으로서 부과하는 법칙뿐이다. 법칙이기 때문에 우리는 자기애를 돌아보지 않고 그것에 복종한다. 우리 자신에 의해 우리에게 부과된 것이기 때문에 법칙은 분명히 우리 의지에서 비롯한 결과이다. … 어떤 인격에 대한 모든 존경은 원래 (공정함 등의) 법칙에 대한 존경일 뿐이다. 그 인격은 우리에게 실례를 제공해 준다. … 이른바 모든 도덕적 관심이란 오로지 법칙에 대한 존경심에서 나온 것이다(16-17쪽).

'존경심'에 대한 칸트의 설명에서 눈에 띄는 부분은 우선 그것이 '나의 감관에 미지는 외부의 영향으로 야기된' 감정이 아니라 '이성에 의해 스스로 불러일으켜진' 감정이라는 것이다. 그래서 존경심은 다른 감정과는 '질적으로 구분'되며, 우리가 스스로 '하나의 법칙에 복종한다는 의식'을 가리킨다. 여기서 또 한 가지 주목할 부분은 '존경심의 대상이 바로 법칙'이라는 점이다. 그런데 이 법칙은 우리 자신이 수립한 것이다. 우리는 왜 우리 자신이 수립한 법칙에 대해 존경심을 가지는 것일까? 그것은 불완전한 인간의 의지가 완전한 신적 의지에 대해 가지는 경외심과 비슷한 것으로 보인다. 다시 말해서, 우리가 우리 안의 신성에 대해 가지게 되는 심정이라 할 수 있다. 결국 존경심이란, 법칙을 표상할 수 있을 정도로 이성적이기는 하지만 그의 의지가 법칙에 완전히 합치하지는 못하는 불완전한 인간이 법칙에 대해서 가지는 끊임없는 열망의 표현이라 볼 수 있을 것이다.

끝으로 주목할 만한 부분은, 칸트가 존경심이라는 특별한 감정을 통해 말하고자 하는 바가 무엇인지에 대한 것이다. 이 질문에 대한 답은 위 인용문의 마지막 부분을 살펴봄으로써 어느 정도 유추할 수 있다.

이른바 모든 도덕적 관심이란 오로지 법칙에 대한 존경심에서 나온 것이다(17쪽).

위 구절에서는 '도덕적 관심'이라는 새로운 용어에 주목할 필요가 있다. 도덕적 관심이란 쉽게 말해서 인간이 도덕적으로 살려고 하는 마음을 뜻한다. 칸트의 윤리학은 인간이 왜 도덕적으로 살려고 하는지, 즉 도덕적 동기에 대해 해명하는 것을 중요한 과제의 하나로 삼고 있다. 칸트의 『실천이성비판』(제1권 「분석학」의 제3장 '동기론')에는 우리가 도덕적으로 행동하려는 이유를 설명하는 가운데 존경, 관심, 동기 등의 용어를 비교하는 부분이 있다. 이에 따르면, 법칙에 대한 '존경'에서 법칙을 지키려는 '동기'가 나오고, 이 동기에서 법칙에 대한 '관심'이 나타나며, 이 관심 위에 '준칙'이 기초해 있다.[8] 이로써 우리는 존경, 동기, 관심이 모두 비슷한 의미를 가지고 있다는 것을 알 수 있다.

칸트는 도덕법칙의 근거를 경험에서 유리된 초감성적인 것에서 찾는 데 만족하지 않았다. 그는 순수한 이성에 의해

---

8 『실천이성비판』 140-141쪽.

수립된 도덕법칙이 우리가 살고 있는 경험 세계에 영향력을 가지고 있다는 점을, 즉 우리에게 동기를 부여하는 힘을 지닌다는 점을 설명하고 싶었고, 이러한 해명의 단초를 이성에서 비롯한 감정인 '존경심'에서 찾고자 한 것이다.

6. 도덕적 행위는 경향성을 이기고 도덕법칙을 따르는 행위이다

어떤 결과를 기대한 행동, 곧 나의 이익과 나의 행복을 위한 행동은 경향성을 충족하는 과정에서 자연스럽게 행해진다. 경향성은 사람뿐만 아니라 다른 동물도 함께 공유한 것으로 이에 따른 행동은 자연법칙에 따른 행동이라고 할 수 있다. 하지만 도덕적인 행동은 이러한 자연법칙에 따르는 행동과는 분명히 구별된다. 도덕적인 행동은 "나의 경향성에 봉사하는 것이 아니라 경향성을 지배하는"(14쪽) 행동이기 때문이다. 그렇다면 도덕적인 행동에는 자연법칙이 아닌 새로운 법칙이 요구된다고 할 수 있다. 이러한 새로운 법칙, 자연법칙보다 한 차원 높은 법칙은 어떤 것인가?

칸트에 의하면 이러한 차원 높은 법칙, 곧 도덕법칙은 인간과 같은 이성적인 존재만이 가질 수 있다. 그런 존재는 이성을 통해 '법칙의 표상'[9]을 떠올리고 이에 따라서 행위할 수 있는 존재이다. 이러한 "법칙의 표상만이 도덕적이라고 부르는 최고의 선을 이룰 수 있다"(16쪽).

도덕법칙은 자연법칙과 동일한 점을 가지면서도 몇 가지 점에서 차이가 난다. 동일한 부분은 이것이 법칙이기 때문에 보편적으로 적용된다는 점이다. 차이가 나는 부분은 우선 자연법칙은 자연의 모든 사물에 적용되지만 도덕법칙은 이성적인 존재에게만 적용된다는 점이다. 다음으로 자연법칙은 이성을 통해 '찾아낸' 것이지만 도덕법칙은 이성을 통해 '스스로 세운' 것이라는 점이다. '죄 없는 사람을 죽이지 말라'라든가 '이성異性을 단지 자기 욕망 충족의 수단으로 삼지 말라'와 같은 도덕법칙은 자연 세계에는 없는 것이다. 약육강식의 법칙이 지배하는 자연 세계에서는 힘이 곧 법

---

9 '표상'에 해당하는 독일어 Vorstellung은 '앞에(vor) 세우다(stellen)'라는 뜻을 지닌 'vorstellen'의 명사형으로서, 우리가 추구해야 할 '이상을 앞에 떠올리고 그것을 향해 나아가는 것'을 의미한다.

이기 때문에, 힘 있는 동물이 약한 동물을 잡아먹고 힘 있는 수컷이 암컷들을 차지할 뿐이다. 반면에 도덕법칙은 이성적 존재가 스스로 법칙을 '떠올림'으로써 수립한 것이다.

도덕법칙은 고귀한 것이라고 할 수 있다. 이러한 도덕법칙이 있기에 약하고 힘없는 사람도 타인들에게 위협받지 않고 인간다운 삶을 영위할 수 있다. 또한 이러한 법칙 덕분에 인간은 성별을 불문하고 단지 타인의 욕망 충족의 수단으로 대우받지 않고 목적 그 자체로 대우받을 수 있으며, 남녀 간의 만남 또한 단지 욕망에 의한 만남이 아닌 사랑이 될 수 있다. 이처럼 경향성을 극복하고 도덕법칙을 따름으로써 인간은 한층 고차원적인 삶을 누릴 수 있으며 진정한 의미에서 자유로워지는 것이다.

7. 도덕법칙의 특성

칸트에 따르면, 어떤 의지를 무제한적으로 선하다고 부를 수 있으려면, 즉 그것을 선의지라고 부를 수 있으려면, 법칙의 표상이 거기서 기대되는 결과를 전혀 고려하지 않은 채 의지를 규정해야만 한다. 그것은 도대체 어떤 종류의 법칙일까?

> 내가 어떤 법칙을 따르는 가운데 의지에서 생길 수 있는 모든 충동을 의지로부터 제거한다고 해보자. 그러면 남는 것은 오직 행위 일반의 보편적 합법칙성뿐이고, 이것만이 의지의 원리가 되어야 할 것이다(17쪽).

칸트의 이 말은, 의지에서 모든 충동적 요소를 제거한 후에도 사람들로 하여금 법칙을 따르도록 만드는 의지의 원리가 바로 도덕법칙이라는 뜻이다. 이러한 도덕법칙에는 우리를 행위로 이끄는 다른 모든 외적인 요인이 제거되었기 때문에, '오직 보편적인 법칙에 맞게 행위하려고 마음먹는 것'만이 남는다. 어떤 행위가 모든 사람에게 보편적으로 적용될 수 있고, 오직 보편적으로 적용될 수 있다는 그 이유만으로 행해진다면 그 행위는 도덕적인 행위가 되는 것이다. 그래서 칸트는 도덕법칙이 될 수 있는 것은 오직 한 가지밖에 없다고 말한다. "나는 **나의 준칙이 보편적인 법칙**

이 되어야 한다고 내가 또한 바랄 수 있도록 오로지 그렇게 행동해야만 한다"(17쪽)가 그것이다. 칸트는 평범한 사람도 이러한 원리를 이미 잘 알고 있다고 말한다. 그러면서 이해를 돕기 위해 이른바 '거짓 약속의 예'를 든다.

칸트가 예로 든 준칙은 다음과 같다. '내가 처한 궁지를 모면하기 위해서 나는 지키지 않을 의도를 지닌 채 어떤 약속을 하겠다.' 이 준칙을 검증하기 위해서 칸트는 우선 '거짓 약속을 하는 것이 과연 영리한 일인지 혹은 의무에 맞는 일인지'를 구별하고자 한다. 거짓 약속이 영리한 일인지 여부는 그렇게 함으로써 초래될 결과에 따라 좌우될 것이다. 그런데 내 거짓말이 들통 나지 않아서 내가 이득을 볼 수도 있겠지만, 내 거짓말이 들통 나서 내가 신용을 잃어버리고 그 결과 지금 모면하려는 곤경보다 더 큰 곤경에 직면하게 될 수도 있을 것이다. 만일 내가 이 후자의 경우를 염려하여 차라리 보편적인 준칙에 따라서 행동하기로 하고, 지키지 않을 약속은 하지 않는 습관을 들이는 편이 더 낫다고 판단하여 그렇게 행동한다면, 이러한 행동은 (적어도 겉보기에는) 도덕법칙에 따른 행동과 똑같이 정직한 행동으로 보일 것이다. 하지만 칸트에 따르면, 불리한 결과에 대한 우려 때문에 정직하게 행동하는 것과 의무이기 때문에 정직하게 행동하는 것은 질적으로 전혀 다른 것이다. 전자는 행위의 결과에 대한 고려가 행위의 동기인 반면, 후자는 나에 대한 법칙을 포함하고 있기 때문이다. 이제 칸트는 '거짓약속'의 준칙이 의무에 맞는지 안 맞는지를 검증하기 위한 간단한 방법을 제시한다. 그것은 다음과 같이 자문해 보는 것이다.

나는 (진실하지 않은 약속을 통해 곤경에서 벗어나려는) 나의 준칙이 보편적 법칙으로 (나뿐만 아니라 다른 모든 사람에게) 적용되어야 한다는 것에 진정으로 만족할 수 있는가? 그리고 곤경에 처해서 다른 방법으로 벗어날 수 없을 때에는 누구든 진실하지 않은 약속을 해도 좋다고 진정으로 나에게 말할 수 있는가?(19쪽)

위와 같이 자문해 볼 경우, 우리는 곧 "내가 비록 거짓말을 할 수는 있어도, 거짓말하는 것을 결코 보편적 법칙으로 의욕할 수는 없음을 깨닫게 된다." 왜냐하면 그러한 준칙을 따르게 되면 도무지 약속이라는 것 자체가 있을 수 없기 때문이다. 장차 어떤 행동을 하겠다는 나의 의지를 다른 사람들에게 확언해도 사람들이 내 말을 믿지 않아서 헛일이 될 것이고, 또 설사 사람들이 내 말을 성급하게 믿는다 해도 그들 역시 똑같은 방식으로 내게 되갚음으로써 그러한 준칙은 지탱할 수 없다는 것이 드러날 것이기 때문이다. 결국 칸트는 "나의 준칙은 그것이 보편적인 법칙이 되자마자 스스로 무너지고 말 것이 틀림없다"고 결론짓는다(19쪽).

또 칸트가 보기에, 위와 같은 사실을 깨닫는 데는 엄청난 통찰력이 요구되는 것도 아니다. 누구나 단지 이렇게 스스로 물어보기만 하면 되기 때문이다. "너 또한 너의 준칙이 보편적 법칙이 되기를 바랄 수 있는가?"(20쪽) 이때 만약 그렇게 할 수 없다고 판단된다면, 그 준칙은 버려야 할 것이다. 이는 그 준칙이 우리 자신이나 다른 사람에게 불이익을 주기 때문이 아니라, 그 준칙이 가능한 보편적 법칙 수립의 원리로 통용될 수 없기 때문이다.

여기서 칸트는, 우리의 이성이 우리로 하여금 이러한 보편적인 법칙 수립에 대해 존경심을 가지도록 강요한다고 말한다. 그리고 우리가 비록 이러한 존경심이 어디에서 유래하는지는 잘 모른다 할지라도, 적어도 "경향성이 추구하는 모든 가치를 능가하는 그런 소중한 가치가 있다는 것, 그리고 의무는 실천적 법칙에 대한 **순수한** 존경심에서 내가 행하지 않을 수 없는 것이며 모든 가치를 넘어서는 **그 자체로** 선한 의지의 조건이기 때문에, 다른 모든 동인에 우선해야 한다는 것"(20쪽)은 잘 알고 있다는 것이다.

8. 도덕법칙의 평범성

이제까지 칸트가 도덕법칙의 특성으로 제시한 원리는 다음 두 가지로 요약될 수 있다. 첫째는 경향성을 배제하고 오직 의무 그 자체를 지향해야 한다는 것이고, 둘째는 모든 사람에게 보편적으로 적용할 수 있어야 한다는 것이다.

그런데 칸트에 따르면 이러한 원리는 우리와 같은 평범한 사람들도 이미 알고 있는 것에 불과하다.

평범한 사람들의 이성은 도덕적 원리를 보편적인 형식으로까지 추상해서 생각하지는 않지만, 그래도 항상 그 원리를 실제로 염두에 두고, 가치판단의 척도로 사용하고 있다 (20쪽). ⋯ 평범한 사람들의 이성이 이 나침반척도을 가지고 직면하는 모든 상황에서 무엇이 선하고 무엇이 악하며 무엇이 의무에 맞고 무엇이 의무에 어긋나는지를 얼마나 잘 판별하는지를 보여주는 일은 어렵지 않다(21쪽).

그러므로 우리가 도덕적으로 살기 위해 어떻게 해야 하는지를 아는 데에 특별히 학문이나 철학이 요청되지는 않는다고 칸트는 말한다. 이처럼 (이론적 판단이 아니라) 실천적 판단을 내리는 일에 있어서는 평범한 지성도 철학자들 못지않게, 아니 오히려 철학자들보다 더 잘 판단할 수 있다고 보기 때문이다.

칸트의 이러한 주장을 납득하기는 어렵지 않다. 도덕적인 행동은 특별한 지적 이해력을 필요로 하는 것이 아니라, 그저 자신의 경향성을 극복할 수 있을 정도의 내면적 용기만 있으면 되기 때문이다. 지적인 능력이 뛰어나지 않더라도, 자신이 하려는 행동이 과연 도덕적인 행동인지 또는 자신의 이익이나 경향성을 따르는 행동인지는 누구나 구별할 수 있을 것이다.

어쩌면 지적 능력이 뛰어난 사람이 오히려 비도덕적인 행위를 할 가능성이 클지도 모른다. 지적 능력이 뛰어난 사람일수록 행위가 가져올 결과를 더 잘 예측할 수 있고, 그것을 효과적으로 달성할 방법을 더 잘 생각해 낼 수 있을 것이기 때문이다. 그렇게 되면 그저 행위 그 자체가 옳기 때문에 행하는 데에서 더욱 멀어지게 될 것이다. 머리가 뛰어남으로 인해 단순히 행위 그 자체에 집중하기보다 (행위의 결과와 같은) 다른 외적 요소들을 고려하게 될 가능성이 커지는 것이다. 사회적으로 문제가 되는 비도덕적인 행동들 중 많은 수가 지적 능력이 뛰어난 사람들에 의해 저질러지고 있다는 사실 또한 이러한 주장을 뒷받침해 준다. 이런 이유로 칸트는 "도덕적인 일에서는 평범한 이성의 판단으로도 충분하다"(22쪽)고 결론을 내리는 것 같다. 그렇다면 도덕적인 일에서 철학은 별로 필요 없다는 말인가?

9. 도덕에 대한 철학적 탐구의 필요성

우리와 같은 평범한 사람들도 충분히 도덕적인 판단을 할 수 있다면 도덕에 대한 철학적인 탐구가 굳이 필요할까? 철학적인 탐구는 평범한 이성의 능력을 넘어 복잡하고 정교한 추론이 요구될 때 필요한 것 아닌가? 그러나 이런 물음에 대해 칸트는 "[평범한 이성이 지닌] 순진무구함은 훌륭한 것이지만 [교묘한 궤변 등으로부터] 자신을 잘 지켜내기가 힘들고 또 쉽게 유혹에 빠질 수 있기 때문에 학문을 필요로 한다"(22쪽)고 답한다.

도덕의 원리는 어떤 면에서 간단해 보이지만 그것을 실천하는 일은 그리 쉽지 않다. 경향성이 우리로 하여금 욕망을 충족하는 행위를 하도록 끊임없이 충동질하기 때문이다. 설사 스스로의 노력으로 자기 내면에서 일어나는 욕망은 어떻게 극복할 수 있다 하더라도, 이미 경향성의 유혹에 빠져버린 사람들이 욕망 충족의 즐거움을 미끼로 유혹하는 것까지 극복하는 일은 정말 쉽지 않다. 이미 자기 자신을 경향성의 유혹에 내맡긴 사람들은 다른 사람들까지 자신들과 동일하게 만듦으로써 자신들의 죄책감을 덜고자 하는 것이다.

이런 식으로 도덕이 아닌 다른 동기들의 유혹을 받게 되면 상황은 복잡해지기 시작한다. 도덕적인 원리를 가지고 있으면서도 오로지 그것에만 주의를 집중하지 못하고, 다른 한편으로 경향성이 가져다주는 즐거움을 누리고 싶은 마음이 생긴다. 그리고 변명들("자연의 변증법"; 23쪽)이 생겨나게 된다. 어떤 것이 도덕적인 행동인지를 알고 있으면서도 '인간은 유한한 존재이므로 그 정도는 어쩔 수 없는 것 아니냐?'라든지 '나도 그렇게 하고는 싶지만 힘이 조금 모자란다' 따위의 변명을 늘어놓으면서 도덕적인 행동을 회피하려 드는 것이다. 그래도 이 정도로 이야기하는 것은 최소한의 양심은 남아 있는 것이라고 할 수 있다. '경향성을 충족하는 것(즉, 현실)만이 중요하며 도덕이라는 것은 원래 없는 것이다(즉, 허구이다)'라며, 그야말로 "법칙을 근본적으로 변질시키고 그것의 모든 위엄을 파괴하려는 성벽"(23쪽)까지 나타나는 경우도 있다.

단순함을 지키기 위해 복잡한 논의가 필요하다는 것은

역설적으로 들린다. 그렇지만 이것은 피해갈 수 없는 과정이다. 온갖 궤변과 감언이설이 난무하는 현실 속에서 이러한 것들에 맞서 도덕의 본질과 기본 원리를 바로 세우고 그것을 지켜나가는 일은 참으로 중대한 과제이기 때문이다. 그래서 칸트는 제1장을 다음과 같은 결론으로 마무리한다.

이리하여 평범한 인간 이성은 실천적인 이유에서, 자신의 영역에서 벗어나 실천철학의 분야로 발걸음을 내딛게 된다 (23쪽). … 실천적인 분야에서의 평범한 이성도 이론적인 분야에서와 마찬가지로 우리의 이성을 완전하게 비판하지 않고서는 결코 안식을 얻지 못할 것이기 때문이다(24쪽).

제2장
대중적 도덕철학에서 도덕형이상학으로 넘어감

1. 도덕법칙의 선험적 성격

제1장에서 도덕적인 행위는 오직 의무에서 행해진 행위라는 것을 설명한 칸트는 제2장의 첫 번째 부분에서 의무라는 이유만으로 어떤 행위를 하고자 하는 마음씨, 곧 도덕적인 마음씨는 경험을 통해서는 확인할 수 없다는 점을 지적한다. 이는 도덕이란 형이상학적인 것이며 경험세계의 사건이 아니라는 칸트의 기본 입장을 확인해주는 부분이기도 하다. 칸트는 이와 관련하여 다음과 같이 말하고 있다.

순수하게 의무라는 이유만으로 행하고자 하는 마음씨에 관한 확실한 실례를 경험에서는 전혀 찾아볼 수 없다. 많은 행위가 의무가 명령한 것에 맞게 행해진다 할지라도, 과연 그것이 정말로 의무이기 때문에 행해진 것인지, 그래서 도덕적 가치를 가지는 것인지는 언제나 의심스럽다(25쪽).

어떤 사람이 진정으로 도덕적인 행위를 하고 있는지 그렇지 않은지를 확인하는 것은 어려운 일이다. 왜냐하면 앞서 상인의 예에서 보듯이, 겉으로는 정직해 보이는 행동이라 할지라도 그 이면에는 그 행동을 통해 얻게 될 자신의 이익과 같은 어떤 다른 목적이 개입되어 있을 수도 있기 때문이다. 도덕적인 척하지만 속으로는 다른 계산이 있을 수 있는 것이다.

참으로 도덕적인 행위가 되기 위해서는 일절 다른 목적이 없어야 한다. 다른 목적이 전제되어 있는 행위는 의무로부터의 행위가 아니라 그 다른 목적을 위한 행위이기 때문이다. 그렇지만 누구도 경험을 통해서는 다른 목적이 있는지 없는지를 확신할 수 없다. 그것을 알기 위해서는 사람의 마음속을 들여다보아야 하는데, 신이 아닌 이상 누구도 다른 사람의 마음을 정확히 알아낼 수는 없기 때문이다. "그래서 어느 시대에나, 인간의 행위들 안에 이런[의무이기 때문에 행위하려는] 마음씨가 실제로 존재한다는 것을 완전히 부정하고, 모든 것을 다소 세련된 자기애에서 비롯한 것으로 돌리는 철학자들이 있었다"(25쪽). 아마도 홉스T. Hobbes 등이 그 예가 될 수 있을 것이다.

이처럼 참된 도덕적인 행동을 경험을 통해서는 완전히 확신할 수 없고, 인간의 본성이 도덕을 실천하기에는 너무 나약함에도 불구하고, 칸트는 도덕적인 행위가 있다는 사실을 완전히 부인하지는 못할 것이라고 말한다.

비록 의무라는 순수한 원천에서 비롯한 행위가 한 번도 일어난 적이 없다 하더라도, … 그러니까 이 세상에서 이제까지 단 한 번도 실제로 일어난 적이 없는 행위라고 하더라도, 즉 모든 것의 근거를 경험에서 찾는 사람들은 그 실행 가능성 자체를 매우 의심스러워하는 그런 행위라고 하더라도, 이성은 그것을 하도록 무조건적으로 명령하고 있다고 우리는 확신할 수 있다(28쪽).

여기서 칸트는, 도덕법칙은 (늘 우연적인 조건의 영향을 받는) 인간의 경험에서 나온 것일 수 없고, 순수한 실천적 이성에서 나온 이상(이념)임을 다시금 강조한다. 그래서 그것은 "인간성의 우연적인 조건들 아래에서만 타당한 것이 아니라 모든 이성적 존재자 전체를 위한 보편적 지침"(29쪽)으로서 "인간뿐만 아니라 **모든 이성적 존재자 일반**에게도 타당하며, 우연적인 조건들 아래에서 예외적으로 타당한 것이 아니라 **전적으로 필연적으로** 타당해야 한다"(28쪽)고 주장한다. 사실 도덕적 완전성의 이상을 경험적 사례를 통해서 얻을 수는 없다. 그것은 이성이 선험적으로 구상한 이념일 뿐이다. 칸트에 따르면 "실제 사례는 그저 우리를 격려해주는 역할만 할 뿐이다. 즉, 실제 사례는 도덕법칙의 명령을 우리가 과연 실행할 수 있을까 하는 의구심을 없애주고 보편적 형식으로[추상적으로] 표현된 실천규칙을 구체적으로 보여줄 뿐이다. 따라서 이성 안에 있는 도덕법칙의 참된 기원을 무시하고 실제 사례를 곧바로 행위의 모범으로 삼으려는 태도는 결코 정당화될 수 없다"(30쪽).

2. 대중적 실천철학과 도덕형이상학의 차이점

그렇다면 칸트는 왜 이토록 도덕의 형이상학적 근거를 확립하려고 노력할까? 제2장의 두 번째 부분에서 칸트는 이러한 물음에 답하고 있다. 그 이유는, 그의 시대에는 형이상학에 근거한 제대로 된 도덕 대신 "닥치는 대로 긁어모은 관찰들과 궤변적인 원리들로 구성된 구역질 나는 잡동사니"(31쪽) 같은 대중적인 실천철학이 널리 퍼져 있었기 때문이다. 그는 이러한 잘못된 풍토를 바로잡고 싶었던 것이다. 칸트는 자신의 시대를 다음과 같이 증언한다.

사람들이 만약, 모든 경험적인 것을 제거한 순수한 이성 인식, 즉 도덕형이상학을 선택할 것인지, 아니면 대중적인 실천철학을 선택할 것인지에 대해서 투표를 한다면, 어느 쪽이 우세할지는 금방 알 수 있을 것이다[누구나 대중적인 실천철학을 선호할 테니까](30쪽).

하지만 칸트에 따르면, 도덕을 이러한 대중적 선택에 맡겨놓을 수는 없다. 왜냐하면 "도덕이론을 먼저 형이상학 위에 굳건히 **세우고** 난 다음, 그것을 대중성을 통해 널리 **유포**하는 것은 좋은 일이지만, 도덕의 근본법칙의 정당성을 탐구하는 첫 단계부터 서둘러 대중성을 좇으려고 하는 것은 매우 잘못된 일"(31쪽)이기 때문이다.

칸트가 비판하는 대중적 도덕이론의 특징은 다음과 같다.

> 때로는 인간의 본성(그 아래에 이성적 본성 일반의 이념도 포함되는데)에 속하는 특수한 규정을, 때로는 완전성을, 때로는 행복을, 여기서는 도덕적 감정을 저기서는 신에 대한 경외심을, 이것에서 약간 또 저것에서 약간씩 빌려와서 엄청나게 뒤죽박죽 섞는 것이 고작이다(31-32쪽).

여기서 칸트가 비판하고 있는 것은, 이러한 대중적인 실천철학은 도덕성의 근본이 무엇인지에 대한 형이상학적 탐구 없이, 불분명한 여러 가지 경험적 자료들을 가지고 인간의 의무를 뒤죽박죽 설명하고 있다는 점이다. 이러한 실천철학은 도덕의 형이상학적 토대가 결여된 탓에 도덕을 경험적인 것들의 잡동사니로 만들고 만다.

칸트에 의하면, 도덕의 형이상학적인 토대를 굳건히 세우지 못한다면 도덕이론이 가진 본래적인 사명, 즉 사람들을 도덕적인 행위로 이끄는 실천적 과제를 제대로 수행할 수 없다. 왜냐하면 "도덕형이상학은 의무를 이론적으로 확실하게 규정하는 데 없어서는 안 될 토대일 뿐만 아니라, 동시에 그 의무가 내리는 지시를 현실에서 실천하는 데에도 필수적으로 요청되는 것"(33쪽)이기 때문이다. 도덕형이상학이 의무의 실천력까지 담보하고 있다는 주장은 이성이 (경험적 동기의 도움 없이) 자기 힘만으로 실천적일 수 있다는 생각과 닿아 있다.

이성은 스스로 실천적일 수 있다. 왜냐하면 의무에 대한 표상은 경험의 영역에서 불러올 수 있는 그 어떤 동기들보다 훨씬 더 강력해서, 스스로 자신의 존엄성을 의식해 모든 경험적인 동기를 경멸하고 점차 그것들의 지배자가 될 수 있기 때문이다(33쪽).

결국 칸트는 도덕형이상학이 도덕의 이론적 차원뿐만 아니라 실천적 차원에서도 필수적으로 요청된다는 점을 역설하면서 이 논의를 마무리한다.

우리가 만일 순수한 철학, 즉 형이상학을 확보하지 못한다면, 의무의 도덕성을 명확히 규정하는 일이 불가능할 뿐만 아니라, 특히 도덕적 가르침을 일상적이고 실천적으로 사용할 때는 물론이고, 도덕을 참된 원리들 위에 세운다든가, 그렇게 함으로써 순수한 도덕적 마음씨를 불러일으킨다든가, 나아가 최고선을 사람들의 마음에 새겨 넣는 일은 불가능할 것이다(35쪽).

3. 명법(명령)의 의미

제2장의 다음 부분에서 칸트는 명령법Imperativ, 즉 명법에 관한 설명을 시작한다. 이는 도덕형이상학을 확립하는 것이 가장 중요한 과제라고 생각한 칸트가 도덕적 명령이 지닌 특징을 설명하고 그 형식을 제시하기 위한 전초작업이

다. 인간이 어떠한 동기에 의해서 행동하는지를 명법이라는 형식을 통해 제시하고, 그중에서 도덕적인 행동의 형식을 제시함으로써 다른 동기에 의한 행동과 명확히 구분하려는 것이다.

칸트는 우선 자연의 사물과 이성적인 존재 간의 차이를 지적한다. 이성적인 존재의 행동 가운데 어떤 것이 도덕적인 행동인지를 설명하기 전에 우선 이성적인 존재의 특징을 밝히고자 하는 것이다. 칸트에 따르면, 자연의 사물과 이성적인 존재의 차이는 무엇을 원인으로 하여 움직이느냐에 있다.

자연의 사물은 모두 법칙에 따라서 움직인다. 오직 이성적 존재만이 법칙의 표상에 따라서, 다시 말해 원리에 따라서 행위하는 능력, 즉 의지Wille를 가지고 있다. 법칙에서 행위를 이끌어 내려면 이성이 요구되므로, 의지는 다름 아닌 실천이성이다(36쪽).

자연의 사물은 자연법칙에 따라 움직인다. 하지만 이성

적인 존재인 인간은 단지 자연법칙에 따라서만 행동하지는 않는다. 칸트의 표현을 빌리자면 그는 '법칙의 표상에 따라' 행동한다. 여기서 법칙의 표상에 따른다는 것은 인간이 이성을 통해서 법칙을 스스로 떠올리고 이를 바탕으로 행동한다는 것을 뜻한다. 인간은 이러한 이성 능력 덕분에 자연법칙과는 다른 법칙을 떠올릴 수 있고 이 법칙에 맞게 스스로 행동할 수 있는 것이다. 칸트는 이처럼 이성을 통해서 떠올린 원리에 따라 행동하는 능력을 '의지', 혹은 (실천을 가능하게 하는 이성이라는 의미에서) 실천이성이라고 부른다.

칸트는 "이성이 의지를 완전하게 결정할 수도 있다"(36쪽)고 말한다. 이는 경험적인 동기에 전혀 영향 받지 않고 의지가 언제나 이성을 따르는 (신적인) 존재의 경우를 말하는 것이다. 만약 이런 존재가 있다면 "그런 존재가 하는 행위는 객관적으로뿐만 아니라 주관적으로도 필연적"(36쪽)일 것이다. 즉, 그가 주관적으로 어떤 행위를 하려고 마음먹는 것과 모든 사람이 보편적으로 수용할 수 있는 행위의 기준이 완전히 일치할 것이다.

그러나 이성만으로 의지가 결정되지 못하는 경우도 있

다. 다시 말해서, 본능적 욕망과 같은 주관적 조건들에 얽매임으로써 (인간의 경우가 그렇듯이) 온전히 이성만을 따를 수 없는 의지도 있다. "이런 경우, 객관적으로는 필연적이라고 인식되는 행위일지라도 주관적으로는 우연적이라고 인식"(37쪽)할 것이다. 즉, 이성적으로는 어떤 행위를 해야 함을 알고 있어도, 다른 조건들의 영향 때문에 마땅히 해야 할 행위를 완수하지 못하는 경우가 생기는 것이다.

이러한 상황에서 생겨나는 것이 '강제'이다. 불완전한 의지, 즉 완전하게 선하지는 않은 의지(인간의 의지)가 객관적인 법칙을 바라볼 때 그것을 '강제'로 인식하게 된다는 것이다. 쉽게 말하면, 우리 안에 있는 순수한 부분인 이성은 어떤 행동을 해야 한다는 것, 즉 **당위**Sollen를 지시하지만 우리 안에 있는 순수하지 못한 부분이 이러한 이성의 지시에 온전히 순종하지 않기 때문에 그 지시에 따르도록 압력을 가하는 것이 강제인 것이다. 이처럼 "객관적 원리의 표상이 의지를 강제하게 될 때, 그것을 가리켜 (이성의) 지시명령Gebot이라 하고, 그러한 지시명령의 정식Formel을 가리켜 **명령**이라 한다"(37쪽).

칸트에 따르면, 완전히 선한 의지(신적인 의지)도 물론 객관적인 법칙을 따른다. 하지만 그 법칙을 따르도록 '강제된다'고 생각할 수는 없다. 그러한 의지는 자신의 주관적인 성질에 따르더라도 반드시 선한 것만을 지향할 것이기 때문이다. 그러므로 신적인 의지에 대해서는 명령이 적용되지 않는다. 이 경우에 당위를 말하는 것은 잘못이다. 왜냐하면 마음먹는(의욕Wollen) 모든 것이 이미 그 자체로 법칙과 반드시 일치할 것이기 때문이다. 따라서 명령이란 의욕의 객관적인 법칙이 (인간의 의지처럼) 주관적으로 불완전한 의지에 대해 갖는 관계를 표현하는 정식일 뿐이다(39쪽).

4. 가언명령과 정언명령

칸트는 '명령'이라는 개념을 통해 우리가 어떤 행위를 할 때 우리 마음속에서 일어나는 양상을 보여주고 있다. 그 첫 번째 특징은 단순히 자연법칙에 따라서 피동적으로 움직이는 사물이나 동물과 달리 인간은 스스로 어떤 원칙을 세우고 그 원칙에 따라 행동할 수 있다는 점이다. 두 번째 특징은 이처럼 스스로 세운 원칙이라 할지라도 인간은 그것을 완전하게 지키지는 못한다는 점이다. 마치 우리가 약속을 언제나 지키겠다고 결심할 수는 있지만, 이런저런 이유로 이러한 결심을 항상 지키지는 못하는 것처럼 말이다.

칸트는 명령을 두 가지 종류로 나눈다. 이는 우리가 행위할 때 스스로 세우는 원칙에 두 가지 종류가 있다는 것을 의미한다.

첫 번째 종류는 '가언명령'이다. 이것은 "행위가 단지 **다른 어떤 것을 위한** 수단으로만 선할 때, 그런 행위를 하라고 명령하는"(40쪽) 것이다. 어떤 행위를 오로지 그 행위 자체만을 위해서 하는 것이 아니라, 다른 목적을 달성하기 위한 수단으로 이용하는 경우가 여기에 해당한다. 이 경우, 이러한 행위는 '단지 다른 목적을 위한 수단'으로 행해진 것이기 때문에, 그 다른 목적이 사라지면 그 행위도 함께 사라질 것이다. 이는 마치 어떤 이익을 기대하고 상대방을 친절하게 대하던 사람이 그에게서 더 이상 이익을 기대할 수 없게 될 때 태도가 차갑게 변하는 것과 비슷하다.

두 번째 종류는 '정언명령'이다. 이것은 "행위가 **그 자체로**

선하다고 생각될 때, 그러니까 그 자체로 이성에 따르는 의지에 필연적인 것으로, 즉 그런 의지의 원리로 생각될 때, 그런 행위를 하라고 명령하는"(40쪽) 것이다. 이러한 행위는 '그 자체로 객관적으로 필연적'이다. 다른 목적을 위한 행위가 아니기 때문에 그 자체로 그 행위를 하고자 하는 충분한 이유가 된다는 것이다. 또한 이러한 행위는 '모든 이성적인 의지에게 필연적'인 것이다. 즉, 보편성을 지닌다. 만약 다른 목적을 위해 행동한다면 모든 이성적인 존재에게 필연적일 수는 없다. 사람마다 자신이 추구하는 목적이 천차만별일 것이기 때문이다. 그러나 정언명령은 자신의 선호나 자신이 처한 특수한 조건과 관계없이 모든 사람이 무조건 따라야 하는 것이다. 그가 어떤 목적을 가지고 있건 상관이 없을 뿐만 아니라, 심지어 다른 목적을 전혀 기대할 수 없고 고통만을 가져다준다 할지라도 그래야 하는 것이다.

5. 숙달의 명령, 영리함의 명령, 도덕성의 명령

칸트는 가언명령을 다시 두 가지로 나눈다. '숙달의 명령'

과 '영리함의 명령'이 그것이다. 이들 명령은 어떤 다른 목적을 전제로 한다는 점에서는 같지만, 전제로 하는 목적이 '가능성으로 존재'하느냐, '실제로 존재'하느냐에 따라 서로 구별된다.

숙달의 명령에서의 목적은 '가능성으로 존재'한다. 여기에서 목적이 가능성으로 존재한다는 것은 아직 구체적인 목적이 정해지지 않았다는 것을 의미한다. 따라서 숙달의 명령은 최종 목적이 어떤 것으로 설정되든 그것과 상관없이 해야 할 행위를 지시한다. (이러한 가언명령을 개연적 problematisch 실천원리라고 한다.) 자신이 미래에 어떤 일을 하며 살아야 할지 진로를 아직 결정하지 못한 학생이 있다고 하자. 자신의 꿈을 아직 모른다고는 하지만, 이 학생이 자신의 능력을 전혀 계발하지 않고 가만히 있지는 않을 것이다. 왜냐하면 비록 구체적인 진로는 불확실하다 해도 이와 상관없이 일반적으로 갖추어야 할 능력들이 있기 때문이다. 이를테면 원만한 인간관계를 유지하는 능력, 컴퓨터를 잘 다루는 능력, 자신의 의견을 논리적으로 표현하는 능력, 기본적인 외국어 능력 등이 여기에 해당한다. 이러한 능력들은 최종 목적과 관계없이 일반적으로 필요한 것들이기 때문에, 숙달되면 숙달될수록 좋을 것이다. 그래서 숙달의 명령은 미리미리 이러한 능력들을 갖추도록 지시한다. "여기서는 최종 목적이 이성적인지 선한지는 전혀 중요하지 않으며, 오로지 그 목적에 이르기 위해 우리가 무엇을 해야 하는지 하는 것만이 중요하다."(41쪽). 그러나 여기에는 중요한 점이 한 가지 빠져 있다. 아무리 숙달을 통해 그러한 능력들을 갖춘다 해도, 그 능력들이 선한 목적을 위해 사용된다면 선한 행동이 되겠지만, 반대로 악한 목적을 위해 사용된다면 악한 행동이 될 것이기 때문이다.

영리함의 명령에서의 목적은 '실제로 존재'한다. 실제로 존재한다는 것은 행위자에게 이미 행위의 목적이 주어져 있다는 것을 의미한다. 그러므로 영리함의 명령은 이미 주어진 목적을 달성하기 위한 수단을 지시한다. (이러한 가언 명령을 실연적assertorisch 실천원리라고 한다.) 여기에서 칸트가 이미 주어져 있는 것으로 가정하는 목적은 '행복'이다. "모든 이성적 존재가 아마도 **가질 수 있을** 뿐만 아니라, 자연필연성에 따라 모두 **가지고 있다고** 확실하게 전제할 수 있는 하나의 의도가 있다. 그것은 바로 **행복**해지려는 의도이다"
(42쪽). 모든 사람은 이처럼 자신의 행복을 추구하려는 목적
을 이미 가지고 있으므로, 이러한 목적을 달성하기 위한 수
단을 선택하는 행위는 '영리한' 행위라고 할 수 있다. 사람
들 중에는 오로지 장래에 자신에게 가져다줄 이익과 행복
을 최대화하기 위해서만 행위하는 사람이 있다. 이런 사람
은 다른 사람을 만날 때에도, 공부를 할 때에도, 일을 할 때
에도 오직 자신의 행복 증진에만 관심이 있을 것이다. 이런
사람의 행위에 대해 우리는 '영리하다'고 말하기는 해도 '도
덕적'이라고 말하지는 않는다. 왜냐하면 영리한 행위는 어
떤 행위가 그 자체로 옳기 때문에 무조건적으로 행하는 도
덕적 행위와는 다른 것이기 때문이다.

끝으로, 어떤 행위를 함으로써 이루고자 하는 다른 아무런
의도도 조건으로 두지 않은 채, 그 행위를 직접적으로 지시
하는 명령이 있다. 이런 명령은 정언적이다. 정언명령은 행
위의 내용이나 결과와 관련되는 것이 아니라, 그 행위 자체
가 따르는 형식이나 원리와 관련된다. 행위의 본질적인 선은

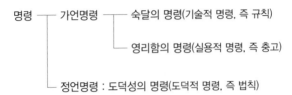

[그림 2] 명령의 분류

명령 ── 가언명령 ── 숙달의 명령(기술적 명령, 즉 규칙)

　　　　　　　　　└ 영리함의 명령(실용적 명령, 즉 충고)

　　　└ 정언명령 : 도덕성의 명령(도덕적 명령, 즉 법칙)

그 행위의 결과가 어떠하든, 마음씨에 있다. 이러한 명령을 일컬어 도덕성Sittlichkeit의 명령이라 할 수 있다(43쪽).

칸트에 따르면 이러한 정언명령만이 진정한 명령이라 부를 만하다. [이러한 정언명령을 필연적apodiktisch 실천원리라고 한다(40쪽).] 이제까지 설명한 세 가지 명령을 요약해서, 첫째를 숙달의 **규칙**, 둘째를 영리함의 **충고**, 셋째를 도덕성의 **명령**(법칙)이라 부를 수 있다(43-44쪽).

6. 숙달의 명령과 영리함의 명령을 따르는 이유

다음으로 칸트는 이러한 명령들이 '어떻게 가능한가?' 하는 물음을 던진다(44쪽). 이 물음은 명령된 행위를 어떻게 실행할 수 있는지, 즉 실행 가능성에 대해 묻는 것이 아니라, 그 행위를 왜 해야 하는지, 즉 구속력의 근거에 대해 묻는 것이다.

칸트에 의하면 숙달의 명령이 '어떻게 가능한지'에 대해서는 특별히 논의할 필요가 없다. "목적을 이루고자 원하는 사람이라면 누구나 그 목적을 이루는 데 필요한 수단도 함께 원하기"(45쪽) 때문이다. 이처럼 숙달의 명령은 그 목적을 이루기 위해 필요한 행위의 개념을 이미 그 목적을 원한다는 개념에서 이끌어낸다. 즉, '네가 이 목적을 원한다면, 너는 당연히 이 수단을 행해야 한다'라는 식으로 그 명령의 근거를 정당화할 수 있다.

영리함의 명령도, 만약 행복의 개념을 쉽게 제시할 수만 있다면, 숙달의 명령과 완전히 일치한다고 칸트는 말한다. 그러나 이 행복의 개념을 제시하는 일이 쉽지 않다는 것을 칸트는 다음과 같이 인상적으로 설명한다.

불행하게도 행복의 개념은 아주 막연한 개념이어서 모든 사람이 그것을 얻고자 원하지만 자기가 정말로 무엇을 원하고 의욕하는지를 결코 명확하고 일관되게 말할 수가 없다. 그 이유는, 행복의 개념에 속하는 모든 요소는 다 경험적이고, 즉 경험으로부터 빌려와야 하기 때문이고, 그럼에도 행복의 이념을 위해서는 절대적 전체, 즉 나의 현재 상태와 미래의 모든 상태에서 안녕의 최대치가 필요하기 때문이다. 하지만 아무리 통찰력이 있고 능력이 뛰어나다고 하더라도 유한한 존재자가 자신이 여기서 정말로 원하는 것이 무엇인지에 관한 명확한 개념을 가지는 것은 불가능하다(46쪽).

사실 행복이 무엇인지는 사람에 따라, 또 사람이 처한 여건에 따라 크게 달라질 수 있다. 돈이 없어 서러운 사람은 부富를, 병 때문에 고생하는 사람은 건강과 장수를, 사회적 지위를 중시하는 사람은 권력과 명예를 무엇보다 원할 것이다. 그리고 이러한 부, 건강, 명예가 행복을 가져다 줄 것이라는 막연한 기대가 존재하는 것은 사실이지만, 그것이 과연 행복을 보증해 주는지는 언제나 불명확한 것이다. 그 래서 우리는 "무엇이 인간을 참으로 행복하게 해줄 것인지를 원칙에 따라서 완전한 확신을 가지고 결정할 수가 없다. 왜냐하면 그렇게 하기 위해서는 전지전능해야 하기 때문이다"(47쪽).

결국, 칸트는 '영리함의 명령은 성립할 수 없다'고 결론 내립니다. 그것은 "이성의 명령이라기보다 이성의 권고"에 불과하며, 따라서 '행복을 주는 행위를 하라!'는 명령은 결코 가능하지 않다는 것이다(47쪽).

7. 정언명령을 따라야 하는 이유를 경험적으로 알 수는 없다

비록 종류를 나누어서 설명하기는 했지만 숙달의 명령을 따르는 이유와 영리함의 명령을 따르는 이유는 동일하다. 어떤 목적이 주어지면 그 목적을 달성하기 위한 수단이 되는 행동은 자연스럽게 따라오는 것이다. 다시 말해, 주어진 목적을 이루려고 마음먹은 사람에게는 그것에 이르는 수단도 실행하려고 마음먹어야 한다고 명령하는 것이다. 따라서 그러한 명령이 어떻게 가능한지, 즉 그러한 명령의 구속력의 근거가 무엇인지를 납득하는 것은 어렵지 않다. 하지만 '도덕성의 명령이 어떻게 가능한지'에 대해서는 대답하기가 쉽지 않다. 도덕성의 명령, 즉 정언명령의 경우에는 행위를 통해 얻고자 하는 다른 목적이 전제되어 있지 않기 때문이다. 즉 가언명령의 경우처럼 어떤 주어진 '전제' 조건에서 행위의 객관적인 필연성을 이끌어낼 수 없기 때문이다(48쪽).

여기서 칸트는 한 가지 주의할 점이 있다고 말한다. 그것은 정언명령의 존재가 결코 경험적 실례를 통해서는 입증될 수 없다는 점이다. 이 점을 설명하기 위해 칸트는 앞서 살펴보았던 '거짓 약속의 예'를 다시 든다. '거짓 약속을 하지 말라'는 명령은 나중에 그 거짓이 폭로되어 신용을 잃지 않기 위해서 거짓 약속을 하지 말라는 것이 아니다. 그렇게 명령하는 이유는 거짓 약속이 그 자체로 악하기 때문이다. 그래서 우리는 그러한 명령을 정언적인 것이라고 인정한다. 하지만 이 경우 "우리의 의지가 아무런 다른 동기 없이 단지 그 명령이 법칙이기에 그것을 따르기로 결정한 것처럼 보인다고 하더라도, 우리가 그렇게 마음먹었다는 것을 실제 사례를 통해서 확실하게 밝혀낼 수는 없다"(49쪽).

왜냐하면 거짓이 탄로 나서 나중에 창피를 당할지도 모른다는 두려움 등이 우리의 의지에 영향을 미쳤을 수도 있기 때문이다. 이런 이유로 칸트는 "정언명령의 가능성은 전적으로 선험적으로 탐구되지 않으면 안 된다"(49쪽)고 주장한다.

그런데 칸트에 따르면, 정언명령의 가능성을 통찰하기는 매우 어렵다. 그것은 '선험적 종합 명제'이기 때문이다 (50쪽). '선험적'이라는 것은 경험적 실례를 통해 입증할 수 없다는 의미이고, '종합적'이라는 것은 전제된 어떤 목적을 분석함으로써 그 명령의 근거를 파악할 수 없다는 의미이다.[10] 그래서 칸트는 '도덕성의 명령이 어떻게 가능한지'에 대한 대답은 일단 뒤로 미루어두고, 먼저 정언명령이라는 '개념'으로부터 곧바로 정언명령의 '표현형식Formel(정식)'을 도출하려 시도한다(51쪽). 즉, 도덕적 명령이라면 반드시 가지고 있어야만 하는 형식적 조건을 찾아내려는 것이다.

---

10 즉, 정언명령은 경향성을 지배할 수 있는 이성의 이념을 통해 비로소 가능해진 명령이다. (원문 50쪽 원주 참조.)

8. 정언명령의 정식

우선 우리가 생각해 보아야할 것은 가언명령은 완전한 형식으로 제시될 수 없다는 점이다. 왜냐하면 가언명령의 경우에는 어떤 조건이 주어지느냐에 따라 어떻게 행동해야 할지가 달라지기 때문이다. 또 일정한 목적이 주어졌다고 할지라도 개개인의 성향과 특성에 따라 그 목적을 달성하기 위한 방식이 다양할 수 있기 때문이다. 하지만 정언명령은 완전한 형식으로 제시할 수 있다. 정언명령은 어떤 목적이 주어지는지, 개개인이 어떤 성향을 가지고 있는지와 무관한 명령이기 때문이다. 정언명령에서는 모든 외부적인 조건이나 목적들이 무시된다. 행위로부터 기대되는 '행복'에 대해 고려할 필요도 없고, 그 행동을 '효과'적으로 할 필요도 없으며, 자신의 '성향'에 맞지 않아도 상관이 없다. 이처럼 도덕적인 명령은 "법칙을 제한할 어떤 조건도 담고 있지 않기 때문에 남는 것은 오직 행위의 준칙이 법칙의 보편성에 부합해야 한다는 것뿐이다"[11](51쪽). 즉 모든 조건을 제외하였기 때문에 '이성적인 존재 일반(모든 사람)에게 적용되어야 한다'는 보편성만 남는다. 이는 도덕의 영역에서는 개개인이 지닌 모든 내적·외적 조건을 떠나 모든 사람이 완전히 평등하다는 것을 의미한다. 이것을 형식적인 문장으로 나타내면 다음과 같다.

네 준칙에 따라서 행위하되, 그 준칙이 보편적 법칙이 될 것을 네가 동시에 원할 수 있는 그런 준칙에 따라서만 행위하라(52쪽).

이를 좀 더 이해하기 쉽게 설명하기 위해 칸트는 다음과 같은 말로 바꾸어 표현하기도 한다.

네 행위의 준칙이 네 의지에 의해서 마치 보편적 자연법칙이 되어야 할 것처럼 그렇게 행위하라(52쪽).

---

11 준칙은 행위의 주관적 원리이다. 따라서 그것은 객관적 원리, 즉 실천적 법칙과 구별되어야 한다. 준칙은 실천적 규칙을 담고 있다. 이때 이성은 주체의 조건에(때로는 주체의 무지에 또는 성향에) 맞추어 그러한 규칙을 결정한다. 따라서 준칙은 주체가 그것에 따라 행동하게 되는 근본원리이다. 그러나 법칙은 모든 이성적 존재에게 적용되는 객관적 원리이다. 따라서 법칙은 모든 이성적 존재가 그것에 따라서 행위해야만 하는 근본원리, 즉 명령이다. (원주)

두 번째로 제시한 문장에서 첫 번째 문장과 달라진 부분은 '자연법칙이 되어야 할 것처럼' 행해야 한다는 것 말고는 없다. 첫 번째 문장의 '보편적 법칙'이라는 표현이 '보편적 자연법칙'으로 변한 것뿐이다. 이 둘은 사실상 동일한 의미를 지닌다. 자연법칙이야말로 자연의 모든 사물에 예외 없이 적용되는 '보편적' 법칙이기 때문이다. 이는 도덕법칙이라는 눈에 보이지 않는 세계의 법칙을 자연법칙이라는 눈에 보이는 세계의 법칙에 비유하여 쉽게 설명하고자 한 것에 불과하다. '죄 없는 사람을 죽이지 말라'와 같은 도덕법칙도 '물체는 위에서 아래로 떨어진다'와 같은 자연법칙과 마찬가지로 보편적이고 예외 없이 적용되어야 함을 보여주려는 것이다.

9. 보편 법칙의 정식(보편주의)에 따라 의무를 검토함

도덕적 명령의 완전한 형식을 제시한 칸트는 이제 이러한 형식이 어떻게 활용될 수 있는지를 구체적인 사례를 통해서 보여주고자 한다. 이것을 그는 의무의 종류를 분류하는 당시의 통념에 따라, 즉 자기 자신에 대한 의무이냐 아니면 타인에 대한 의무이냐, 혹은 완전한 의무이냐 아니면 불완전한 의무이냐에 따라 4가지로 설명한다.

완전한 의무는, 어떤 행위의 준칙이 보편적 자연법칙이 될 수 있을지를 생각해 볼 때 언제나 내적 모순에 빠짐으로써 결코 이러한 준칙을 우리의 법칙으로 삼을 수는 없는 경우에 해당한다. 이러한 행위는 보편화될 수 없기 때문에 절대로 해서는 안 된다는 것이다. 칸트는 이러한 행위의 예로 자기 자신에 대해서는 '자살'을, 타인에 대해서는 '거짓 약속'을 들고 있다.

첫 번째 예는 삶이 너무 고통스러워서 자살을 생각하는 사람의 경우이다. 검토할 준칙은 이렇다. '더 사는 경우 나의 삶이 행복하기보다는 더욱 고통스러워질 것이 분명하다면, 나는 나 자신을 사랑하는 마음에서 차라리 자살하는 것을 원칙으로 삼겠다.' 그런데 칸트에 따르면 이러한 자기 사랑의 준칙은 우리의 이성적 검증을 통과할 수 없다. 왜냐하면 그것은 보편적 자연법칙이 될 수 없기 때문이다. 원래 우리가 느끼는 고통의 감각은 삶을 촉진하기 위한 것이다.

통증은 우리를 괴롭게 만드는 측면이 있지만, 사실은 위험으로부터 우리 몸을 지켜줌으로써 삶을 유지하는 데 큰 도움을 준다. 그러므로 "생명을 촉진하는 것이 사명인 [고통의] 감각 때문에 생명 자체를 파괴하는 것이 자연의 법칙이라면, 그러한 자연은 자기모순을 범하는 셈이고 더 이상 자연으로서 유지될 수 없을 것이다"(54쪽). 이리하여 칸트가 보기에, 삶이 고통스럽다고 해서 자살을 하겠다는 준칙은 '자기 자신에 대한 완전한 의무'에 위배되는 경우에 해당한다.

두 번째 예는 거짓 약속의 경우이다. 돈이 궁한 어떤 사람이 돈을 갚을 수 없다는 것을 뻔히 알면서도 반드시 갚겠다고 약속하고 돈을 빌리는 사례이다. 이 경우의 준칙은 다음과 같다. "나는 돈이 궁하면 돈을 빌릴 것이고, 내가 결코 돈을 갚을 수 없으리라는 것을 안다 하더라도 반드시 갚겠다고 약속할 것이다." 이제 이 준칙을 검증하기 위해 우리는 다음과 물어볼 수 있다. "만약 나의 준칙이 보편적인 법칙이 된다면, 사태는 어떻게 될 것인가?"(54쪽) 이 물음에 대한 대답은, 이러한 준칙은 결코 보편적인 자연법칙으로 통용될 수 없고, 오히려 필연적으로 자기모순에 빠질 수밖에 없다는 것이다. 왜냐하면 모든 사람이 자기가 곤경에 처할 때마다 지킬 생각도 없으면서 거짓으로 약속할 수 있다는 것이 보편적인 법칙이 된다면, 약속이라는 것도 약속을 통해 이루려 하는 목적 자체도 불가능해질 것이기 때문이다. 따라서 칸트의 결론은, 거짓 약속의 준칙은 '타인에 대한 완전한 의무'에 위배된다는 것, 즉 우리는 어떤 경우에도 거짓 약속을 해서는 안 된다는 것이다.

불완전한 의무는, 행위의 구속력이 완전한 의무보다는 약한 경우를 가리킨다. 즉, 어떤 행위의 준칙이 보편적 자연법칙이 될 수 있을지를 생각해 볼 때 (완전한 의무의 경우처럼) 반드시 내적 모순에 빠지는 것은 아니나, 그렇다고 해서 그런 준칙을 보편적인 자연법칙으로 바랄 수는 없는 경우에 해당한다. 이러한 행위의 예로 칸트는 자기 자신에 대해서는 '자신의 타고난 소질을 확장하고 개선'하는 것을, 타인에 대해서는 '타인의 어려운 처지를 돕기 위해서 노력'하는 것을 들고 있다.

세 번째 예는 타고난 재능을 가진 사람이 그것을 계발하기보다 쾌락에만 빠져 사는 경우이다. 이 사람에게 우리는 다음과 같이 물어볼 수 있다. "자신의 타고난 재질을 묵혀 두라는 그의 준칙이, 오락으로 이끌리는 그의 성격에는 잘 맞겠지만, 의무라는 것에도 역시 맞겠는가?" 자신의 타고난 재능을 계발하지 않는 것이 보편적인 법칙이 되어도 사회는 아마 유지될 수 있을 것이다. 이 경우는 위의 거짓 약속의 예처럼 사회 전체의 신뢰를 무너뜨리는 것과 같은 위험을 내포하고 있지는 않기 때문이다. "그러나 그가 이러한 준칙이 보편적인 자연법칙이 되기를 바라거나, 그러한 자연법칙이 우리 안에 본성으로 심어져 있기를 바라는 것은 불가능하다"(55쪽). 왜냐하면 이성적인 존재라면 누구나 자기가 가진 모든 능력이 제대로 발휘되기를 바랄 것이기 때문이다. 따라서 자신의 타고난 재능을 계발하는 것은 '자기 자신에 대한 불완전한 의무'에 해당한다고 볼 수 있다.

네 번째 예는 곤경에 빠진 타인을 보아도 이를 돕지 않는 사람의 경우이다. 이 사람의 생각은 다음과 같다. "그의 처지가 나와 무슨 상관이란 말인가? 모든 사람은 하늘의 뜻만큼 또 자기의 능력만큼만 행운을 얻을 것이고, 나는 그에게서 아무것도 빼앗지 않을 것이며 그를 결코 시샘하지도 않

[그림 3] 의무의 분류

	완전한 의무	불완전한 의무
자기 자신	자살 금지	타고난 소질 계발
타인	거짓 약속 금지	타인 구제

을 것이다. 나는 다만 그의 복지를 위해서나 그의 곤경을 돕기 위해 어떤 기여를 하려는 마음이 없을 뿐이다!"(56쪽) 물론 이와 같은 사고방식이 보편적인 자연법칙이 된다고 해도 인류는 충분히 존속할 수 있을 것이다. 그러나 칸트에 따르면, 그러한 원칙이 자연법칙으로서 보편적으로 적용되기를 바라는 것은 여전히 불가능하다. "왜냐하면 그런 것을 바라는 의지는 자기 자신과 상충하기 때문이다. 즉, 그는 타인의 사랑과 동정을 필요로 하면서도 자신의 의지에서 비롯한 자연법칙 때문에 자신이 기대하는 모든 희망과 도움 자체를 스스로 빼앗는 셈이 되기 때문이다"(56-57쪽). 그러므로 곤경에 빠진 타인을 돕는 것은 '타인에 대한 불완전한 의무'에 해당한다고 볼 수 있다.

칸트에 따르면, 우리는 의무를 위반할 때마다 우리 자신을 돌아보게 되는데, 이때 우리는 우리의 준칙이 보편적 법칙이 되기를 바라지 않는다는 사실을 깨닫게 된다. 즉 "의무를 위반할 때, 우리는 단지 우리 자신을 위해서 또는 우리의 경향성의 이익을 위해서 멋대로 그 법칙에 **예외**를 만들고 싶어 한다"(58쪽). 이는 우리의 의지가 이성을 따를 수도 있지만 동시에 경향성을 따를 수도 있기 때문에 생기는 현상이다. 이처럼 이성의 지침에 대한 경향성의 저항을 우리 스스로 느끼고 있고 또 법칙과 준칙 사이의 갈등을 알고 있으면서도, 우리는 정언명령의 타당성을 사실상 인정하고 있고 또 그것을 존중하고 있음을 고백하지 않을 수 없다.

10. 경험적 요소에 영향받는 '준칙', 이성에 근거한 '법칙'

앞서 우리는 도덕적인 명령은 경험에서 발생하는 것이 아니라는 것을 이야기했다. 도덕적인 명령은 정언적인 것이어야 한다고 했는데, 여기에서 정언적이라는 것은 외부적인 어떤 조건, 즉 경험적인 이유 때문이 아닌 순수한 목적으로 행한 행위를 말한다.

여기서 칸트는, 도덕성의 원칙은 절대로 '인간 본성의 특수한 성질'에서 도출되어서는 안 된다는 점을 강조한다.

인간만이 타고난 특별한 소질, 즉 일종의 감정이나 성벽들, 더 나아가 인간의 이성에만 적용되는 특유한 것이어서 모든 이성적인 존재의 의지에는 적용될 수 없는 특수한 성향으로부터 도출된 원칙은 우리에게 오직 준칙을 제공할 수 있을 뿐 결코 법칙을 제공할 수는 없다. 즉, 성벽이나 경향성을 따르는 것은 행위의 주관적 원칙을 줄 수는 있겠지만, 우리의 모든 성벽, 경향성, 자연적 성향에 반대되더라도 우리가 행위할 때 반드시 따라야만 하는 객관적 원칙을 제공할 수는 없다(60쪽).

위의 인용문에서 눈에 띄는 부분은, 칸트가 인간 본성의 특수한 성질로서 감정이나 경향성만을 이야기하는 것이 아니라 '인간의 이성에만 적용되고 모든 이성적 존재자의 의지에는 적용될 수 없는 특수한 성향'을 언급한다는 점이다.

이것은 아마도 인간적 이성과 신적 이성, 유한한 인간의 의지와 완전한 신적 의지를 대비시킴으로써 '도덕법칙을 의식하면서도 거기에 반하는 준칙을 채택'하는 인간 의지의 한계를 지적하는 것일 것이다.[12] 이어서 칸트는 이러한 성향이나 경향성과 같은 주관적 원인들이 객관적 원리에 반하면 반할수록 그 도덕적 명령의 숭고함과 위엄은 더 높아지고 법칙의 강제력과 타당성은 더욱 확고해진다고 주장한다. 그래서 이제 남은 과제는 "도덕의 원리에 덧붙여진 것으로서 도덕의 원리에 전혀 쓸모없을 뿐만 아니라 도덕의 순수함 자체를 훼손하는"(61쪽) 모든 경험적인 요소를 제거함으로써 오로지 이성에만 근거한 순수한 도덕의 근본원리를 확립하는 일이다. 이것이 바로 순수한 도덕철학, 곧 도덕형이상학의 과제이다.

따라서 칸트에 따르면 "실천철학에서 중요한 부분은 **일**

---

12 그의 후기 저서 『단순한 이성의 한계 안에서의 종교』(이하 『종교론』으로 약칭)에서 칸트는 도덕법칙을 의식하면서도 거기에 반하는 악한 준칙을 채택하는 인간 의지의 유한성을 '의지의 나약함, 불순함, 부패'의 3단계로 구분하여 설명하고 있다(『종교론』 22-23쪽).

어나는 것의 근거를 받아들이는 것이 아니라, 비록 결코 일어나지는 않더라도 **일어나야만 할** 것의 법칙, 즉 객관적−실천적 법칙을 받아들이는 것이다"(62쪽). 반면에 어떤 것이 왜 마음에 들고 들지 않는지, 쾌와 불쾌의 감정이 어디에서 기인하는지, 이로부터 어떻게 욕구와 경향성이 생겨나며, 또 이성이 어떻게 욕구와 경향성에 함께 작용함으로써 준칙이 생기게 되는지 등에 대한 탐구는 실천철학의 관심사가 아니다. 왜냐하면 이러한 것들은 모두 경험적 심리학에 속하는 것으로서 결국 경험적 법칙에 기초한 자연학의 일부분이기 때문이다. 실천철학이 관심을 가지는 것은 경험적 법칙이 아니라 객관적−실천적 법칙이며, 따라서 의지가 오직 이성에 의해서만 결정될 때 의지가 자기 자신에 대해 가지는 관계이다. "여기서는 경험적인 것과 관련된 모든 것은 저절로 제외된다. 왜냐하면 **이성이 오로지 혼자서** 행위를 결정한다면, 이성은 그것을 반드시 선험적으로 해야 하기 때문이다"(63쪽).

11. 목적 그 자체로서 존재하는 인격

칸트에 따르면 "의지는 **어떤 법칙의 표상에 맞추어** 행위하도록 자기 자신을 결정하는 능력이며, 이러한 능력은 이성적인 존재만이 가지고 있다"(63쪽). 그리고 의지를 움직이도록 하는 것은 목적인데, 목적에는 개개인의 경향성에 의해 주어진 주관적인 목적과 이성에 의해 주어진 객관적인 목적이 있다. 주관적인 목적은 모두 상대적이다. 왜냐하면 그것은 각자의 특정한 욕구와 관련해서만 가치를 가지기 때문이다. 이러한 가치는 모든 이성적인 존재에게 보편적이고 필연적으로 적용되는 원리, 즉 실천적 법칙을 제공할 수 없다. 그러므로 이러한 주관적이고 상대적인 목적들은 가언적 명령의 근거가 될 수 있을 뿐이다. 반면에 "**그것이 있다는 것 자체**로 절대적인 가치를 지니고, **목적 그 자체**로서 일정한 법칙의 근거가 될 수 있는 어떤 것이 있다면, 그것 안에 그리고 오직 그것 안에만 정언적 명령의 근거, 즉 실천적 법칙의 근거가 놓이게 될 것이다"(64쪽). 이렇게 절대적인 가치를 지닌 것, 목적 그 자체가 될 수 있는 것은 무엇일까? 그것은 인간과 같은 이성적 존재뿐이라고 칸트는 말한다.

인간은, 그리고 일반적으로 이성적인 존재는 모두 목적 그 자체로서 존재하며, 단순히 이런저런 의지가 마음대로 사용하는 수단으로서 존재하는 것이 아니다. 따라서 인간과 이성적인 존재는 모든 행위에서, 즉 자신에게 하는 행위든 다른 이성적인 존재에게 하는 행위든 간에, 언제나 동시에 목적으로도 생각되어야 한다(64-65쪽).

경향성의 대상이 되는 것은 오직 수단적이고 상대적인 가치만을 가진다. 값비싼 명품을 예로 들어보자. 많은 사람이 이른바 명품을 좋아한다. 명품 가방, 명품 구두를 갖고 싶어 하고, 이러한 것들을 소유한 사람을 부러워하기도 한다. 하지만 명품에 별로 관심이 없는 사람도 있다. 이런 사람은 대개 명품보다 값싸고 실속 있는 제품을 더 선호한다. 그것이 훨씬 합리적이라고 생각하기 때문이다. 명품에 끌리지 않는 사람에게 명품이란 그렇게 가치 있는 대상이 아니다. 이처럼 물건의 가치란 사람의 필요(선호)에 의해 생겨나는 것이므로 그 필요의 정도에 따라 상대적일 수밖에 없다. 비단 명품만이 아니라 모든 경험적인 것은 다 마찬가지이다. 막강한 권력이나 엄청난 부도 그것을 원하는 사람에게는 가치 있는 것이겠지만, 권력욕이나 재물욕이 없는 사람에게는 별 의미를 가지지 않는다.

이처럼 이성이 결여된 존재, 즉 '물건Sache'은 수단적이고 상대적인 가치만을 가지는 데 반해, 이성적인 존재, 즉 '인격Person'은 목적 그 자체로서 절대적인 가치를 가진다고 칸트는 말한다(65쪽).

모든 경험적인 것은 인간이 있음으로써 비로소 가치를 가지게 되고, 인간에 의해서 그 가치가 매겨진다. 위의 예에서 보듯이 명품이나 부도 마찬가지이다. 아무리 이러한 것들이 귀하게 여겨진다 할지라도 이러한 것들의 가치가 인간의 가치를 뛰어넘을 수는 없다. 인간은 가치를 부여하는 주인공으로서 모든 경험적인 것 위에 있다. 그는 가치라는 것이 생겨나는 시발점이요, 언제나 절대적인 가치를 가지는 존재이다.

그러므로 인간은 거래의 대상이 될 수 없다. 인간은 상대적 가치를 지닌 존재가 아니기 때문이다. 타인을 대할 때에도 언제나 이 점을 염두에 두어야 한다. 자기가 자기 자신을 절대적 가치를 지닌 존재로 여기는 것과 마찬가지로 상대방도 그렇게 여겨야 한다. 따라서 상대방을 단지 자신의 목적을 달성하기 위한 수단으로 삼아서는 안 된다. 인간관계의 많은 문제는 상대방을 목적으로 대우하지 않기 때문에 발생한다. 만약 남편이 부인을 단지 자신을 뒷바라지하고 자신에게 필요한 것을 제공해주는 수단으로 생각한다면 그는 목적 그 자체로서 존재하는 한 인간의 인격을 무시하는 셈이 된다. 만약 부모가 자식을 자신의 못다 이룬 꿈을 대신 이루어줄 수단으로 여기거나, 우리가 친구를 단지 우리의 외로움을 달래주고 우리의 인기와 명예를 위해 필요한 존재쯤으로 여긴다면 이것 또한 항상 목적으로 대우해야 할 한 인간의 인격을 무시하는 것에 해당한다.

이상의 논의로부터 이제 칸트는 도덕성의 명령을 표현하는 또 하나의 형식을 제시한다. 그것은 준칙의 보편화 가능성을 담은 첫 번째 정언명령의 정식에 이은 두 번째 것에 해당한다.

네 인격 안의 인간성뿐만 아니라 다른 모든 사람의 인격 안의 인간
성까지 결코 단지 수단으로만 대하지 말고, 언제나 동시에 목적으
로도 대하도록 그렇게 행위하라(66-67쪽).

12. 목적 자체의 정식(인격주의)에 따라 의무를 검토함

인간을 목적 그 자체로 대우하라는 명제를 가지고 이제
칸트는 앞서 든 실례를 다시 한 번 검토한다. 즉, 완전한 의
무인 '자살 금지', '거짓 약속 금지', 그리고 불완전한 의무
인 '자기 재능 계발', '타인 구제를 위한 노력'을 보편화 가능
성의 관점이 아닌 인간성 존중의 관점에서 검토하려는 것
이다.

첫째는 자기 자신에 대한 필연적(완전한) 의무에 위배되
는 자살의 경우이다. 칸트에 의하면 자살하려는 사람은 "혹
자신의 행위가 **목적 그 자체인** 인간성의 이념과 모순되지는
않는지"(67쪽) 스스로 물어보아야 한다. 만약 그가 고통스러

운 상태를 벗어나기 위해 자기 자신을 파괴하려는 것이라면, 그는 자신의 인격을 단지 죽을 때까지 편안하게 지내기 위한 하나의 수단으로 이용하는 셈이다. 하지만 인간성은 절대적인 가치를 지니고 있기에 항상 목적 그 자체로 취급되어야지 단지 고통을 회피하기 위한 수단으로 취급되어서는 안 된다. 그러므로 우리는 아무리 고통스러운 일을 겪고 있다 할지라도 스스로 목숨을 끊어서는 안 된다.

둘째는 타인에 대한 필연적(완전한) 의무에 위배되는 거짓 약속의 경우이다. 칸트에 의하면 "타인에게 거짓 약속을 하려고 마음먹는 사람은, 곧바로 자기가 타인도 목적 그 자체라는 것을 무시하고 그를 **단지 수단으로** 취급하려 하고 있다는 것을 알아차릴 것이다"(67-68쪽). 거짓 약속을 하는 것은 자신의 이익을 위해 타인의 인간성을 한낱 수단으로 삼는 행위이며, 약속을 지킬 것이라고 믿고 있는 타인의 마음을 의도적으로 기만하는 행위이다. 거짓 약속이 타인에 대한 완전한(반드시 지켜야 하는) 의무에 위배되는 행위라는 의미는, 그것이 단지 타인의 인간성을 위해 노력하지 않거나 도움을 주지 않는 차원이 아니라, 타인의 인간성을 자신의 목적을 위해 완전히 유린하는 행위에 해당하기 때문이다.

셋째는 자기 자신에 대한 우연적(불완전한) 의무인 자신의 재능을 계발하는 경우이다. 칸트에 의하면 "행위는 목적 그 자체인 인격 안의 인간성과 상충하지 않는 것만으로는 충분하지 않고 그 행위가 또한 **인간성과 조화**되어야 한다"(69쪽). 자신의 타고난 재능을 계발하지 않는다고 해서 인간성이 훼손되는 것은 아니다. 그렇지만 자신의 재능을 썩히는 것은 '인간성과 조화되는' 행동이 아니다. 왜냐하면 인간성 안에는 더욱 완전해져야 할 소질이 있고, 이 소질은 인간성과 관련된 자연의 목적을 위해 우리에게 부여되어 있는 것이기 때문이다. 따라서 자신의 재능을 썩히는 것은 "인간성을 **유지**해야 한다는 것과는 그런대로 양립할 수 있겠지만, 인간성을 **향상**시켜야 한다는 것과는 양립할 수 없을 것이다"(69쪽). 이 말은 곧 인간성의 완성을 지향하는 자연의 목적에 비추어 볼 때 우리에게는 자신의 타고난 재능을 계발할 의무가 있다는 뜻이다.

넷째는 타인에 대한 우연적(불완전한) 의무인 곤경에 빠진 타인을 구제하는 경우이다. 타인을 적극적으로 돕지 않는다고 해서 그의 인간성을 훼손하는 것은 아니다. 비록 타인의 행복에 적극적으로 기여하지는 못할지라도 그의 행복을 저해하지만 않는다면, 타인의 인간성은 어떻게든 유지될 것이기 때문이다. "그렇지만 각자가 힘닿는 한 타인의 목적[행복]을 향상시키려고 노력하지 않는다면, 이는 **목적 그 자체인 인간성**에 단지 소극적으로 일치하는 것일 뿐, 적극적으로 일치하는 것은 아니다"(69쪽). 왜냐하면 타인도 나 자신과 같은 목적 그 자체로서 타인의 행복은 또한 나 자신의 행복일 수도 있기 때문이다. 사실 우리의 삶은 다른 사람과 즐거움을 함께 나누고 어려움을 함께 극복하면서 더욱 풍요로워지기 마련이다. 다른 사람의 행복을 나 자신의 행복처럼 여기고 그래서 더 많은 사람과 마음을 나눌 수 있게 된다면, 사회적인 존재인 우리의 인간성은 더욱 완전해질 것이다.

13. 의지의 자율성의 원리

이상의 논의를 통해 우리는 칸트가 제시한 도덕법칙의

두 가지 원리를 살펴보았다. 첫 번째는 '보편주의' 원리고 두 번째는 '인격주의' 원리다. 그것은 각각 "행위의 원리가 자연 질서와 닮은 보편적 법칙과 일치해야 한다거나, 혹은 이성적인 존재는 그 자체로 어떤 목적보다도 우선되어야 한다"(71쪽)라는 명령의 형식으로 제시되었다. 이제 칸트는 이 두 가지 원리를 바탕으로 세 번째 원리를 도출한다. 이 세 번째의 원리는 "**모든 이성적 존재의 의지는 보편적 법칙수립의 의지라는 이념**"(70쪽)에서 나오는 것으로서 "의지의 **자율성의 원리**"(74쪽)라고 부르는데, 이는 한마디로 '이성적인 존재는 자기 스스로 법칙을 세우고 거기에 스스로 복종해야 한다'는 것이다.

칸트가 보기에 "도덕성의 원리를 발견하려고 시도했던 지금까지의 모든 노력이 실패한 이유는, 인간이 자신의 의무로 인해 법칙에 구속되어 있다는 것은 알았지만, 인간은 **오직 자기 자신이 수립하는 법칙**이면서도 **보편적인 법칙**만을 따르며, 자기 자신의 의지이면서도 자연의 목적에 따라 보편적으로 법칙을 수립하는 의지에 맞게 행위하도록 구속되어 있다는 것을 몰랐기 때문이다"(73쪽). 대개 사람들은 어떤 강제를 경험할 때, 즉 어떤 법칙에 구속되어 있다고 생각할 때, 으레 이것을 어떤 이해관심에서 비롯한 것으로 여기는 경향이 있다. 이런 경우 행위를 지시하는 명령은 언제나 조건적(가언명령)이 될 수밖에 없다. 그러나 이는 결코 도덕적인 명령이라 할 수 없다. 다시 말해서 의지가 스스로 세운 법칙이 아닌 다른 어떤 목적에 의해 이끌리게 될 경우, 이는 자율이 아닌 타율에 속하는 것으로서 결코 도덕적이라 할 수 없다. 이리하여 칸트는 의지의 자율성에 입각한 도덕성의 원리를 다음과 같은 명령의 형식으로 제시한다.

> 의지가 자기의 준칙에 의해 자기 자신을 동시에 보편적으로 법칙을 수립하는 자로 볼 수 있도록 하는 그런 준칙에 따라서만 행위하라(76쪽).

14. 인간 존엄성의 이념이 실현되는 '목적의 나라'

도덕성의 원칙들을 밝힌 칸트는 이러한 원칙들에 의해 만들어질 수 있는 '나라'("공동의 법칙들에 의한 다양한 이성적 존재들의 체계적 결합")'(74쪽)의 모습을 제시한다. 자신이 생각하는 도덕적 이상에 맞게 만들어지는 가상의 나라를 상상하는 것이다. 칸트는 이를 '목적의 나라'라고 부른다. 그렇게 부르는 이유는, 이 나라에서는 모든 구성원이 서로서로를 목적 그 자체로 대하기 때문이다.

여기서 이 나라의 구성원인 '이성적인' 존재의 특징에 주목할 필요가 있다.

이성은 의지의 모든 준칙을 보편적인 법칙수립과 연관시킬 뿐만 아니라, 또한 다른 모든 이의 의지와도 결합시키고 나아가 자신이 수행하는 모든 행위와도 결합시킨다. 이성이 그와 같은 일을 하는 이유는, 어떤 다른 실천적인 동인이나 장래의 이익 때문이 아니라, 스스로 자기 자신에게 부여한 법칙 이외에는 어떤 것에도 복종하지 않는 이성적 존재의 존엄성의 이념 때문이다(76-77쪽).

잘 알다시피 이성은 우리로 하여금 사적인 이해관계나 감정에 좌우되지 말고, 나의 입장과 남의 입장을 구분하지 말며(그럼으로써 보편성을 지향하며), 생각과 행동을 일치시킬 것을 요구한다. 물론 이러한 이성의 요구는 이성뿐만 아니라 경향성까지 함께 지닌 인간에게는 늘 강제와 의무의 형태로 다가오지만(그래서 그것을 완전하게 따르는 것이 힘들지만), 그러한 요구 자체는 정당하다는 것을 우리는 이미 알고 있다. 이성적 존재의 존엄성의 이념은 여기서 나온다.

원래 '존엄성Würde'이란 다른 사물과 교환될 수 있는 상대적 가치를 지닌 것에 대해서가 아니라, 대체 불가능한 절대적 가치를 지닌 것에 대해 쓰이는 표현이다. 여기에 해당하는 것은 언제나 목적 그 자체로서 존재하는 이성적 존재이다.

이성적인 존재는 목적 그 자체로서, 바로 그렇기 때문에 목적의 나라에서 법칙을 수립하는 존재로서, 모든 자연법칙에서 자유롭고, 자신의 준칙을 통해 스스로 세운 보편적인 법칙에만 스스로 복종함으로써 목적의 나라의 구성원이 되도록 정해져 있다(79쪽).

모든 가치는 가치를 부여하는 자를 전제한다. 따라서 가치를 부여하는 주체 자체에 대해서는 가치를 논할 수 없다. 말하자면 그는 가치를 초월한 존재로서, 굳이 표현하자면 절대적 가치를 지닌 존재, 혹은 (마치 신에 대해 그렇게 표현하듯이) '존엄한' 존재라고 할 수 있을 것이다. 그래서 칸트는, 법칙을 수립함으로써 모든 가치를 규정하는 이성적 존재의 역할에 대해서는 '존경Achtung'이라는 표현이 알맞다고 하면서 다음과 같이 결론을 내린다. "**자율**[스스로 법칙을 수립함]은 인간 본성과 모든 이성적인 본성의 존엄성의 근거이다"(79쪽).

칸트가 생각한 목적의 나라에서, 모든 개인은 모든 외부적인 이해관심을 떠나 스스로 법칙을 세우고 그 법칙에 스스로 복종한다. 그리고 타인을 자신과 마찬가지로 법칙을 세울 수 있는 존엄한 존재로서 대우한다. 그야말로 인간 존엄이 완벽하게 실현된 세상인 것이다. 이러한 세상은 하나의 이상으로서 우리가 언제나 다가가야 할 표준으로서의 의미를 가진다.

15. 도덕성의 원리를 나타내는 세 가지 방식

지금까지 칸트는 도덕성의 원리를 세 가지 방식으로 설명했다. 보편주의, 인격주의, 자율이 그것이다. 그런데 칸트는 이 세 가지 방식을 "근본적으로 동일한 법칙을 표현하는 세 가지 양식일 뿐"(79쪽)이라고 말한다. 하나가 나머지 두 가지를 자기 안에 통합하고 있다는 것이다. 이렇게 다른 양식으로 표현한 이유는 각기 어떤 한 측면을 강조함으로써 이성의 이념에 대한 이해를 돕기 위한 것일 뿐이다. 첫 번째는 **형식**의 측면에서 준칙이 마치 자연법칙처럼 보편적으로 타당해야 함을 강조한 것이다. 두 번째는 **내용**(목적)의 측면에서 모든 준칙은 이성적인 존재를 목적 그 자체로 삼아야 함을 강조한 것이다. 세 번째는 **완벽한 규정**의 측면에서 모든 준칙은 자신의 법칙 수립에 의해 가능한 목적의 나라와 조화를 이루어야 함을 강조한 것이다(80쪽).

앞서 살펴본 바와 같이, 칸트가 '정언명령의 보편적인 정식(표현양식)'으로서 제일 먼저 제시한 것은 "**스스로 동시에 보편적 법칙이 될 수 있는 그런 준칙에 따라서 행위하라**"(81쪽)

는 것이다. 이제 이 정식에서 파생되어 나온 첫 번째 정식은 다음과 같다. **"스스로 동시에 보편적 자연법칙으로 삼을 수 있는 그런 준칙에 따라서 행위하라"**(81쪽). 두 번째로 파생되어 나온 정식은 다음과 같다. "모든 이성적인 존재가 네 준칙에서 동시에 목적 그 자체로 여겨질 수 있도록 그렇게 행위하라"(82쪽). 칸트는 이 첫 번째와 두 번째의 정식이 근본적으로 같은 것이라고 말한다.

우리가 어떤 도덕법칙을 세울 때에는 모든 인간을 동등하게 대우해야 한다는 전제가 깔려 있으며, 따라서 그 법칙이 모든 사람에게 보편적으로 적용되어도 아무런 모순이 없어야 한다. 만약 이러한 기준을 충족하지 못하고 특정한 사람이나 집단에게 유리하거나 예외를 허용할 경우, 이는 모든 인간을 동등하게 대우하지 않는 것일 뿐만 아니라 보편주의 원리에도 위배된다는 것을 의미한다. 이러한 보편주의 원리의 위반은 곧 모든 인간을 목적 그 자체로 대우해야 한다는 인격주의 원리의 위반과 연결되어 있다. 사람을 차별한다는 것은 누군가를 목적 그 자체로 대우하는 것이 아니기 때문이다. 이는 뒤집어서 생각해도 마찬가지이다.

모든 사람을 목적 그 자체로 대우하기 위해서는 모든 사람에게 공평한 보편적인 법칙을 적용할 수밖에 없는 것이다.

자율의 원리도 마찬가지이다. 어떠한 외적 요인이나 법칙에 의해서도 영향받지 않고 오로지 스스로 세운 법칙만을 따르는 자율적 존재는 법칙의 수립자이자 가치의 창조자인 존엄한 존재로서 언제나 (수단이 아닌) 목적으로 대우받아야 하며, 이러한 존엄한 존재들 상호 간의 관계를 규정하는 규칙은 모두를 동등하게 취급하는 보편성을 지니지 않을 수 없는 것이다. 그래서 칸트는 다음과 같이 결론을 내린다.

목적 그 자체인 각각의 이성적 존재는, 어쨌든 그가 복종해야 하는 모든 법칙에 대해서, 자기 스스로를 동시에 보편적으로 법칙을 수립하는 자로 간주할 수 있어야 한다. … 또한 이성적 존재는, 모든 단순한 자연물에 앞서는 존엄성(특권)을 가지기 때문에, 언제나 법칙을 수립하는 존재(그래서 인격이라고 불린다)로서의 자기 자신의 관점뿐만 아니라 또한 동시에 다른 모든 이성적 존재의 관점에서 자신의 준칙을 채택해야 한다(83쪽).

이제 이렇게 함으로써 '이성적인 존재들의 세계'인 목적의 나라가 가능해진다고 칸트는 말한다.

16. 자율적 인격에 의해 구성되는 '목적의 나라'

도덕법칙이 지향하는 최고의 이념은 '목적의 나라'이다. 혈연을 바탕으로 한 생활 공동체를 가족이라고 하고, 공동으로 이윤을 추구하는 이익 공동체를 기업이라고 한다면, 세상에 질서를 부여하는 이성적 존재들로 구성된 도덕 공동체가 바로 목적의 나라이다.

목적의 나라가 다른 공동체와 다른 점은 현실 속에 실제로 '있는' 공동체가 아니라 실제로는 없지만 '있어야 하는' 이상향으로서의 공동체라는 점이다. 우리는 오늘날 가장 일반적인 가족의 모습을 통계적인 분석을 통해 보여줄 수 있다. 그렇지만 우리는 또한 현실에는 없지만 모두가 바랄 만한 이상적인 가족의 모습을 상상해 볼 수 있다. 목적의 나라는 이러한 이상적인 가족의 모습처럼 "모든 이성적인 존재가 정언명령에 의해 규정되는 **준칙을 보편적으로 준수하게 된다면**, 바로 그 준칙들에 의해 실제로 실현될"(84쪽) 이상적인 공동체이다. 즉 모든 개개인이 도덕적인 존재로 거듭날 때에 실현될 수 있는 이상적인 공동체인 것이다.

목적의 나라가 가진 또 한 가지 특징은, 목적의 나라는 오직 자율에 의해서 달성된다는 것이다. 칸트는 이를 자연의 나라와의 유비를 통해 표현한다. "목적의 나라는 준칙, 즉 스스로 부과한 규칙에 의해서만 가능하고, 자연의 나라는 외부에서 강제로 작용하는 원인에 의해서만 가능하다"(84쪽). 가족은 혈연적인 유대를 바탕으로 하고 있고 또 공동체의 생활의 안정을 목적으로 하고 있다는 점에서 일정한 외적 조건들을 필요로 한다. 이러한 조건들이 있기 때문에 원한다고 해서 아무하고나 가족이 될 수는 없다. 기업은 이익의 추구라는 외적인 조건을 가지고 있다. 그래서 이익의 추구라는 목적이 사라진다면 기업은 더 이상 유지될 수 없다. 목적의 나라는 이러한 모든 외적인 조건과 상관없이 이념으로서 상정된 나라이며, 오직 각 사람이 지닌 자율성만을 토대로 성립된 나라이다. 자율성을 지닌 인격체가 스스로 자신을 도덕적인 존재로 가꾸어가는 것에는 아무런 외적 조건이 필요 없다. 그러므로 이러한 도덕성의 추구는 어떤 조건들이 사라진다 하더라도 얼마든지 계속될 수 있다.

칸트에 따르면 우리는 목적의 나라에 이를 수 있는 방법을 스스로 가지고 있다. 따라서 도덕적인 존재가 되기 위해 외부적인 것에 눈을 돌릴 필요는 전혀 없다. 오로지 자기 내면에서 들려오는 이성의 목소리에 따르기만 하면 된다. 하지만 목적의 나라의 실현이 개인적 차원의 노력만으로 가능한 것은 아니다. 비록 한 개인은 도덕적으로 행할 수 있다고 하더라도, 다른 모든 사람도 그렇게 하리라고 확신할 수 없기 때문이다. 그럼에도 칸트는 이러한 불확실한 상황 속에서도 우리는 목적의 나라의 구성원에 적합할 수 있도록 최선을 다해야 한다고 말한다. 이유는 간단하다. 도덕법칙은 '무조건적으로' 명령하고 있기 때문이다. 다른 사람이 어떻게 행동하건, 도덕적인 행동의 결과가 나에게 득이 되건 안 되건 우리는 도덕법칙을 준수해야 하는 것이다.

"목적의 나라에서 법칙을 수립하는 구성원인 이성적 주체의 존엄성은 바로 그러한 모든 동기[다른 어떤 목적이나 이익]에서 독립해 있다는 점에서 비롯한다"(84-85쪽). 다른 외적인 요소들과 무관하게 무조건적으로 도덕법칙을 준수함으로써 존엄성을 가지게 된다는 것이다.

> 그러므로 도덕성은 행위가 의지의 자율성에 대해, 즉 의지가 자신의 준칙을 통해 보편적인 법칙수립에 대해 가지는 관계이다(85쪽).

이 말은 의지의 준칙이 자율의 법칙과 얼마나 일치하느냐에 따라 도덕성이 좌우된다는 의미이다. 여기서 칸트는 '의무'의 개념에 다시 주목한다. 만일 절대적으로 선한 의지(신적인 의지)가 있다면 그 의지의 준칙은 자율의 법칙과 반드시 일치할 것이다. 하지만 절대적으로 선하지는 않은 의지(인간의 의지)의 경우에는 그 준칙이 법칙과 저절로 일치되지 않기 때문에 법칙은 **강제**Verbindlichkeit의 성격을 띠게 된다. 따라서 도덕적 강제는 신성한 존재에게 해당되는 것이 아니라 오직 유한한 존재에게만 해당되는 것이다. "도덕적 강제에 의한 행위의 객관적 필연성[어떤 행위를 객관적으로 해야만 하는 것]을 **의무**Pflicht라고 부른다"(86쪽).

'의무'라는 생각을 떠올릴 때 우리는 대개 법칙에 (피동적으로) '복종'하는 것만을 생각한다. 이 경우에는 의무를 수행하는 인격에 대해서 숭고하다든가 존엄하다는 느낌을 가지기 어렵다. 그런데 인격이 바로 그 법칙을 스스로 세운 것이고 오직 이러한 이유로 복종하는 것이라면 거기에는 숭고함이 있다고 칸트는 말한다. "인간성의 존엄함은 보편적으로 법칙을 수립하는 능력에 있다. 다만 동시에 자기 자신도 이 법칙 수립에 스스로 복종한다는 조건이 있기는 하지만 말이다"(87쪽).

17. 도덕성의 최상 원리로서 의지의 자율

칸트에 따르면 "의지의 자율의 원리는 자기가 택하는 준칙이 동일한 의욕에서 동시에 보편적인 법칙으로서 함께 파악되는 것만을 선택해야 한다는 것이다"(87쪽). 잘 알다시피 이 원리는 하나의 명령의 형태를 띠고 있다. 그리고 이러한 명령에 대해 우리는 '그 명령에 왜 복종해야 하는지, 만일 복종하지 않으면 어떻게 되는지' 물어볼 수 있다. 앞서 살펴보았듯이, 만일 이러한 명령이 가언명령이라면, 우리는 이 물음에 대해 쉽게 대답할 수 있다. 그 명령에 전제되어 있는 조건(목적)을 따져보기만 하면 그 명령을 따라야 할 이유를 찾을 수 있는 것이다. 그러나 정언명령일 경우, 그 명령을 반드시 따라야 할 이유는 "그 명령 안에 있는 개념들을 단순히 분석하기만 해서는 증명될 수 없다. 왜냐하면 그것은 종합명제이기 때문이다. 따라서 [그 이유를 증명하기 위해서는] 객체에 대한 인식을 넘어 주체에 대한 비판으로, 즉 순수한 실천이성에 대한 비판으로 나아가야 한다. 왜냐하면 필연적으로 명령하는 종합명제는 순전히 선험적으로 인식될 수 있음이 틀림없기 때문이다"(87쪽).

예컨대 '거짓말하지 말라!'는 명령에 들어 있는 개념들을 분석한다고 해서 이 명령에 반드시 따라야 할 이유를 밝혀낼 수는 없다. 그러므로 도덕적 명령의 근거를 증명하기 위해서는 그 명령의 객체(대상)에 대한 인식만으로는 충분하지 않으며, 그것을 넘어 행위 주체로 눈을 돌릴 필요가 있다. 다시 말해서, 지금까지 해왔던 방식인 우리가 이미 알고 있는 도덕법칙의 개념을 단지 분석하는 것만으로는 도덕법칙의 구속력을 증명할 수 없으므로, 이제 도덕법칙을 수립하는 의지 자체에 대한 진지한 성찰이 필요하다고 칸트는 말하고 있는 것이다. 칸트는 이를 3장의 과제로 설정하고 있다. 그리고 거기서 자율의 원리가 도덕의 유일한 원리라는 것을 '도덕성'의 개념 자체를 분석함으로써 충분히 드러낼 수 있다고 장담한다.

18. 도덕성의 모든 사이비 원리의 원천으로서 의지의 타율

칸트에 따르면, 만약 의지가 자신의 준칙이 자기 자신의 보편적인 법칙수립에 부합해야 한다는 점 이외의 다른 데에서 법칙을 구한다면, 즉 의지가 자기 자신을 넘어 의지의 대상들의 성질에서 법칙을 구한다면, 그러한 의지는 언제나 **타율적**이다. 이 경우에는 의지가 자기 자신에게 법칙을 주는 것이 아니라, 의지가 추구하는 대상이 의지에게 법칙을 주게 된다. 그렇게 되면 오직 가언명령만이 가능하다. 즉, 내가 어떤 것을 해야 하는 이유는 **내가 다른 어떤 것을 바라기 때문**이다. 반면에 도덕적인 명령, 즉 정언명령은 내가 다른 어떤 것을 바라지 않더라도 무조건 이러이러하게 행해야 한다고 말한다(88쪽). 예를 들어 가언명령은, 내가 신용을 지키고자 한다면, 거짓말을 해서는 안 된다고 말한다. 그러나 정언명령은, 설령 거짓말을 하는 것이 아무런 문제를 일으키지 않는다고 할지라도, 거짓말을 해서는 안 된다고 말한다. 이처럼 정언명령은 의지의 대상이나 행위의 결과를 전혀 고려하지 않은 채 무조건적으로 명령한다. 타인 구제의 예에서도 마찬가지이다. 내가 타인의 행복을 위해 노력해야 하는 이유는, 그들의 행복이 나와 관련될 것 같아서가 아니라, 단지 타인의 행복을 무시하는 준칙을 바라면서 동시에 그러한 준칙이 보편적인 법칙이 되기를 바랄 수는 없기 때문이다(89쪽).

19. 타율을 도덕성의 근본개념으로 받아들일 때 나올 수 있는 도덕성의 원리들

칸트에 따르면 도덕의 원리를 타율에서 구하는 잘못된 시도로는 **경험적**인 것과 **이성적**인 것 두 가지가 있다. 경험적인 것은 **행복**의 원리에서 나오는 것으로 자연적 감정이나 도덕적 감정에 기초하고 있다. 이성적인 것은 **완전성**의 원리에서 나오는 것으로 완전성의 이념이나 신의 의지라는 개념에 기초하고 있다(89-90쪽).

타율에 기초한 도덕을 위와 같이 분류한 다음, 칸트는 먼저 경험적인 근거에 입각한 도덕을 다음과 같이 비판한다.

경험적인 원리들은 결코 도덕법칙의 근거가 될 수 없다. 왜냐하면 만약 도덕법칙의 근거를 인간본성의 특별한 성향이나 인간본성이 처한 우연적인 환경에서 가져온다면, 모든 이성적인 존재에게 도덕법칙이 차별 없이 적용되어야 한다는 보편성과 그 보편성 때문에 도덕법칙에 부과된 무조건적인 실천적인 필연성이 사라져버리기 때문이다(90쪽).

'자연적 감정'에 기초한 도덕이란, 우리가 도덕적인 행동을 하는 이유가 자기 행복 때문이라는 주장을 의미한다. 어떤 행위가 자기에게 행복을 가져다준다면 그 행위는 도덕적이라는 것이다. 칸트에 따르면, 이러한 주장의 가장 큰 문제점은 "자기 행복의 원리가, 도덕성을 파괴하고 도덕의 숭고함을 모두 말살해버리는 동기들을 도덕성의 토대로 삼기 때문"(90쪽)이다. 또 더 나아가 "그런 식으로 동기를 전도시키는 것은 결국 덕의 동기와 악덕의 동기를 같은 종류로 놓고 단지 더 잘 계산하는 법만을 가르칠 뿐, 결국 덕과 악덕의 특별한 차이를 완전히 없애버리는 것이기 때문"(90-91쪽)이다.

가언적인 행복의 원리와 정언적인 도덕의 원리를 같은 부류로 놓을 때 가장 문제가 되는 것은 정언적인 도덕적 명령이 가언적인 명령으로 전도될 위험이 있다는 것이다. 가언적인 명령의 종류는 무수히 많다. 행복, 이익, 쾌락, 성공, 명예 등 다른 목적이 조금이라도 개입된 대부분의 행동 지침이 여기에 해당한다. 정언적인 명령은 이러한 목적들이 모두 제거되었을 때 나타나는 명령이다. 외부로 눈을 돌려 다른 목적을 찾는 것이 아니라 자기 자신으로 눈을 돌려 자기 이성의 명령에 충실히 따르는 것이다. 눈앞에 나타난 어떤 목표를 추구하는 것은 쉬워도 그렇게 하고 있는 자신을 발견하는 것은 어려운 일이다. 자기 자신은 눈으로 발견되는 것이 아니기 때문이다. 발견하기 쉬운 것과 발견하기 어려운 것을 한데 묶어 놓는다면, 발견하기 어려운 것, 그러나 정말 중요한 것은 지나쳐버리기 쉬울 것이다. 그렇게 되면 진정한 도덕은 빛을 잃을 것이다.

'도덕적 감정'을 기초로 한 도덕은, 우리는 도덕적 선·악을 알아보는 우리 안의 특수한 감정을 통해 도덕적 판단을 할 수 있다는 주장을 의미한다. 이러한 도덕적 감정이 문제가 되는 것은, 감정을 근거로 해서는 보편성을 확보할 수 없기 때문이다. 감정은 우리가 처한 상황이나 환경에 따라, 또 상대방이 누구냐에 따라 수시로 변하기 마련이다. 만일 도덕이 감정에 근거를 두게 된다면, 도덕적 선·악이란 때와 장소에 따라, 혹은 사람에 따라 수시로 달라지는 것이 되고 말 것이다. 그럼에도 칸트는 이러한 도덕적 감정에 기초한 도덕을 자연적 감정에 기초한 도덕보다는 높이 평가한다.

그러한 단점에도 불구하고 '도덕적 감정'이라고 하는 특별한 감정[13]은 [자기 행복의 원리보다는] 도덕성과 그 존엄성에 더 가까이 있다. 왜냐하면 도덕적 감정은 덕에 대한 만족과 높은 평가를 직접 덕에게 돌려서 경의를 표하고, 우리가 덕에 이끌리는 것이 덕의 아름다움 때문이 아니라 다만 [덕이 가져다주는] 이익 때문이라고 대놓고 말하지는 않기 때문이다(91쪽).

이상에서 경험적인 근거에 입각한 도덕을 살펴본 다음, 이제 칸트는 이성적인 근거에 입각한 도덕을 검토한다. 먼저 검토할 것은 이른바 '완전성의 이념'에 근거한 도덕이다. **완전성**이라는 개념에 기초한 도덕은 한마디로 가장 완전한 행동이 도덕적인 행동이라는 주장을 가리킨다. 그런데 칸트는 이러한 '완전하다'는 개념이 "공허하고 모호하다"(92쪽)

---

13 나는 도덕적 감정의 원리를 행복의 원리에 포함시킨다. 왜냐하면 모든 경험적인 관심은 오직 어떤 것이 가져다주는 만족을 통해 행복에 기여할 것을 약속하기 때문이다. 이때 그 어떤 것이 직접적인 이익을 생각하지 않고 생겼든 이익을 고려해서 생겼든 상관없다. 또한 우리는 타인의 행복에 대한 공감의 원리를, 허치슨[Francis Hutcheson, 영국 '도덕감 학파(moral-sense school)'의 대표적 인물]이 가정했던 것과 마찬가지로, 도덕적 감정의 원리로 간주할 수밖에 없다. (원주)

고 말한다. 우리는 어떤 행동을 할 때 완전하다고 생각되는 것을 지향할 수 있다. 예컨대 우리는 이성적 추리를 통해 완전한 모습의 정삼각형을 떠올리고 가능한 한 거기에 부합하는 도형을 그릴 수 있다. 하지만 '완전히 선한' 행동의 경우는 이와 다르다. 아무리 이성적으로 추리해도 '완전히 선한' 행동을 구체적으로 떠올릴 수는 없는 것이다.

다음으로 '신의 의지'라는 개념에 기초한 도덕은, 완전한 신의 의지에 부합하는 행동이 도덕적인 행동이라고 주장한다. 그런데 칸트는 이러한 신학적인 개념은 완전성의 개념보다도 못하다고 말한다. 왜냐하면 신학적인 개념은 가장 완전한 신의 의지로부터 도덕적 완전성이라는 개념을 이끌어내는데, 이 '완전한' 신의 의지라는 개념 자체를 우리는 우리의 완전성 개념에서 이끌어낼 수밖에 없기 때문이다. 또 만약 완전함의 개념에서 도출하지 않을 경우에는, 권력이나 복수라든지 명예욕이나 지배욕 같은 도덕성과 정반대되는 성질들이 신의 의지라는 이름으로 도덕체계를 정초하려 할 수도 있기 때문이다(92쪽). 각자가 자신의 자율성을 신장함으로써 발견하게 되는 자신의 신성함이 무시되는 대신, 신의 의지를 대변한다고 자처하는 일부 집단의 독단과 독선이 엄청난 타율로서 강요될 수도 있는 것이다.

위에서 살펴본 바와 같이 칸트는, 경험적인 원리들 중에서는 그래도 '자연적 감정'보다 '도덕적 감정'에 근거한 도덕이, 이성적인 원리들 중에서는 '신의 의지'보다 '완전성 개념'에 근거한 도덕이 더 낫다고 말한다. 그런데 만일 도덕적 감정과 완전성 개념 중에서 선택을 해야 한다면? 칸트는 후자를 택할 것이라고 답한다. "왜냐하면 완전성 개념은 최소한 문제의 해결을 감성에 맡기지 않고 순수한 이성의 법정으로 가져가기 때문이다"(93쪽). 여기서도 우리는 경험적 근거보다는 선험적 근거를, 감성보다는 이성을 중시하는 칸트의 입장을 확인할 수 있다.

칸트가 거듭해서 강조하고 있는 바와 같이, 의지가 추구하는 대상(목적)을 근거로 삼는 모든 도덕적 원리는 '타율적'이고, 거기에 입각한 명령은 조건적이다. 다시 말해 그 대상을 이루고자 원하기 때문에 이러이러하게 해야 하는 것이다. 따라서 이러한 명령은 결코 도덕적인 명령, 즉 정언적인 명령이 아니다. '자기 행복의 원리'에서처럼 경향성에 의해 의지가 결정되는 경우는 물론이고, '완전성의 원리'에서처럼 우리가 의욕하는 모든 대상을 지향하는 이성에 의해 의지가 결정되는 경우도 타율적이기는 마찬가지이다. 이런 경우들에서 의지는 단지 행위에서 예견되는 결과에 의해 동기부여된 것일 뿐, 행위 자체만을 떠올리면서 직접적으로 그리고 스스로 결정한 것이 아니기 때문이다(93-94쪽). 즉 의지가 자기 자신에게 법칙을 주는 것이 아니라, 의지와는 무관한 외적 요인이 의지에게 법칙을 주는 것이기 때문이다.

이에 반해 정언명령을 원리로 삼는 절대적으로 선한 의지는 의지의 모든 대상을 무시한 채, 오직 **의욕의 형식**만을, 그것도 자율적 형식만을 담고 있다. "다시 말해 선한 의지 각각의 준칙이 그 자체로 보편적인 법칙이 될 수 있어야 한다는 것이 바로 각 이성적인 존재의 의지가 자기 자신에게 부과하는 유일한 법칙인 것이다"(95쪽).

여기서 칸트는 "그러한 **종합적인 실천적 명제가 어떻게 해서 가능한지, 그리고 왜 필연적인지**" 묻고 나서, 이러한 물음은 더 이상 도덕형이상학의 한계 내에서는 해결될 수 없는 과제라고 말한다. 하지만 지금까지 자기는 일반적으로 받아들여지고 있는 도덕성의 개념을 분석함으로써 적어도 "의지의 자율성 개념이 도덕성 개념과 필연적으로 결합되어 있다는 것, 즉 그 근거가 되고 있다는 것"은 보여주었으며, 상식을 지닌 사람이라면 이러한 도덕성의 원리를 인정하지 않을 수 없을 것이라고 주장한다. 그런데 위의 명제를 증명하려면 순수한 실천이성을 종합적으로 사용하는 것이 가능해야 하는데, 이는 실천적 이성 능력 자체에 대한 비판을 요구하기 때문에, 이제 다음 장에서는 이러한 비판을 본격적으로 수행하겠다고 말하며 2장을 마무리한다(95-96쪽).

제3장
도덕형이상학에서
순수 실천이성 비판으로 넘어감

1. 자유 개념은 의지의 자율을 설명하는 열쇠이다

이제까지 제1장과 제2장을 통해서 우리는 칸트와 함께 도덕에 대한 평범한 사람의 인식을 '분석'함으로써 도덕성의 근본원리는 경험적 원리가 아닌 선험적 원리, 가언명령이 아닌 정언명령, 타율이 아닌 자율의 원리이어야 함을 확인하였다. 이제 제3장에서 칸트는 이러한 도덕법칙이 '어떻게' 가능한지를 순수한 실천이성의 능력을 검토함으로써 보여주고자 한다. 이러한 검토는 의지의 자유의 속성을 설명하는 것으로 시작된다.

칸트에 따르면 "**의지**란 이성적인 존재가 가지는 일종의 인과성"이다. 여기서 '인과성'이라는 용어가 등장한 이유는 의지가 모종의 원인에 의해서 결정된다는 점을 강조하기 위해서이다. 마치 "**자연필연성**이 외적 원인의 영향에 의해 활동하도록 규정되는 모든 이성 없는 존재의 인과성의 속성"을 의미하는 것과 마찬가지로, "[의지의] **자유**란 의지가 [자기 밖의] 외적 원인에서 독립해서 작용할 수 있는 인과성의 속성"을 의미한다(97쪽).

그런데 칸트는 자유에 대한 이런 식의 설명은 소극적인 설명이라고 말한다. 왜냐하면 이 설명은 자유의 속성으로서 단지 '외적 원인에 의해 규정되지 않는다'는 점을 말할 뿐, 정작 어떤 원인에 의해서 규정되는지를 적극적으로 설명하지는 않기 때문이다. 자유의 적극적인 의미를 설명하기 위해서 칸트는 '인과성'의 개념에 따르는 '법칙' 개념에 주목한다. 잘 알다시피 법칙에 따른다는 것은 어떤 원인에 의해서 어떤 결과가 생겨나는 것을 가리킨다. 그런데 위에서 '(의지의) 자유란 이성적 존재의 인과성의 속성'이라고 했으므로, 자유는 비록 자연법칙을 따르는 것은 아니라 하더라도 모종의 법칙을 따르는 인과성일 것은 분명하다(98쪽).

자연필연성은 외적 원인의 작용에 의해 결과가 규정된다는 의미에서 분명히 타율적이다. 그렇다면 자연필연성의 영향을 받지 않는 자유는 타율이 아닌 자율일 수밖에 없다. 즉 "의지의 자유란 자율, 즉 의지가 스스로에게 법칙이 되는 속성" 이외의 다른 것일 수 없다. 따라서 '의지가 모든 행위에서 스스로에게 법칙이다'라는 명제는, '자기의 준칙이 보편적 법칙이 될 수 있는 그런 준칙에 따라서만 행동하라'는 원리를 나타내는 것일 뿐이다. 이것이 바로 정언명령의 표현양식(정식)이자 도덕성의 원리다. 이리하여 칸트는 "자유로운 의지는 도덕법칙 아래 있는 의지와 동일하다"고 결론을 내린다(98쪽).

칸트의 말처럼 자유 의지와 도덕법칙을 따르는 의지가 같은 것이라면, 자유 의지만 전제된다면 도덕성 및 그 원리는 도덕성이라는 개념을 분석하기만 하면 알 수 있을 것이다. 하지만 여기서 칸트는 도덕성의 원리, 즉 '선의지는 언제나 준칙의 보편화 가능성을 담보하고 있는 의지'라는 명제가 '종합명제'라는 사실을 지적한다. 왜냐하면 선한 의지의 개념을 분석한다고 해서 그것의 준칙이 보편적 법칙이 되어야 한다는 속성을 발견할 수는 없기 때문이다. 도덕성의 원리는 두 가지 인식, 즉 '절대적으로 선한 의지'와 '준칙의 보편화 가능성'을 모두 포함하고 있는 세 번째 인식과 결합될 때 비로소 가능해진다. 이 세 번째 인식이 바로 자유의 **적극적** 개념이다.

2. 자유는 모든 이성적 존재의 의지의 속성으로
　전제되어야 한다

잘 알다시피 도덕은 자유라는 속성을 전제로 한다. 의지의 자유가 전제되지 않는다면, 도덕적 당위라든가 의무라는 말은 성립할 수 없기 때문이다. 그렇다면 우리에게 의지의 자유가 있다는 것을 증명할 수 있는가? 자유는 다만 우리의 환상에 지나지 않는 것은 아닌가? 이러한 물음에 대해 칸트는 '자유를 경험적으로 입증하는 것은 절대로 불가능하며, 우리는 다만 우리 자신을 행위에서 자신의 인과성을 의식하는 이성적인 존재로 생각하는 한, 즉 의지를 갖춘 존

재로 생각하는 한, 자유를 전제로 할 수밖에 없다'고 말한
다. 그러면서 "우리는 의지를 가진 모든 이성적인 존재에게
필연적으로 자유의 이념을 부여해야 하며, 이성적인 존재
는 오직 그 이념 아래에서만 행위한다"(101쪽)고 주장한다.

이제 나는 말한다. 오직 자유라는 이념 아래에서만 행위할 수
있는 모든 존재는, 바로 그렇기 때문에 실천적인 관점에서 실
제로 자유롭다. 다시 말해, 이성적인 존재에게는 자유와 분
리될 수 없도록 결합되어 있는 모든 법칙이 적용된다(100쪽).

칸트에 따르면, 이성이 의식적으로 판단을 내릴 때 외부
로부터 지시를 받는다는 것은 도저히 생각할 수 없는 일이
다. 왜냐하면 그것은 주체가 자기의 결정을 자기 이성이 아
니라 어떤 충동에 맡기는 셈이 되기 때문이다. 이성은 스스
로를 외부의 영향을 받지 않고 자기의 원리를 창시하는 자
로 여겨야 한다. "이성은 실천이성으로서, 또는 이성적인 존
재의 의지로서, 스스로 자유롭다고 여겨야만 한다"(101쪽).

3. 도덕성의 이념에 부착되어 있는 관심에 대하여

이제까지 우리는 칸트와 함께, 우리가 이성적 존재로서 자유의 이념 아래 스스로 도덕법칙을 창시하는 자임을 보았다. 이제 칸트가 다루려는 물음은 '우리는 왜 그런 법칙에 따라야 하는가? 그리고 그런 법칙에 따라야 한다는 생각은 어떻게 해서 생겨나는가?'이다. 1장과 2장을 통해 살펴보았듯이, 우리가 경향성을 지니지 않은 순수한 이성적 존재라면 도덕법칙은 아무런 방해도 받지 않고 저절로 실천되겠지만, 우리는 그런 존재가 아니기 때문에 법칙은 우리에게 당위이자 의무로서 다가온다.

'해야만 함Sollen'은 원래 '하려고 함Wollen'이다. 만일 이성적 존재의 이성이 어떠한 방해도 받지 않고 실천된다면, '해야만 함'은 모든 이성적인 존재 각자에게 이미 적용되는 의욕 Wollen이다. 그러나 우리처럼 여전히 다른 종류의 동기인 감성에 의해서 촉발되고, 이성 혼자서 무엇인가를 하는 일이 항상 일어나지는 않는 존재에게는 행위의 필연성은 오직 '해야만 함[당위]'일 뿐이다. 그리고 주관적[준칙의] 필연성은 객관적[법칙의] 필연성과 구별된다(102-103쪽).

그런데 이처럼 '감성에 의해서 촉발되고, 이성 혼자서 무엇인가를 하는 일이 항상 일어나지는 않는' 인간과 같은 존재에게 경향성의 만족에서 오는 쾌감 등을 완전히 무시하고 오로지 도덕법칙의 실현에만 관심을 갖도록 하는 일이 어떻게 가능한지, 즉 "도덕법칙이 어떻게 구속력을 가지는지"(104쪽)는 여전히 통찰할 수 없다.

이제 이 물음에 대해 칸트는, 인간이 **감성계**와 **예지계**[14]라는 두 가지 세계에 동시에 속한 존재라는 생각을 통해 답하고자 한다. "우리가 우리 자신을 자유에 의해 선험적으로 작용하는 원인으로 생각할 때, 우리는 우리 자신을 행위의 관점에서 우리 눈앞에서 벌어지는 작용으로 표상할 때와는

---

[14] 칸트는 간혹 지성계(Intellektuelle Welt 또는 Verstandeswelt)와 예지계(Intelligibele Welt)라는 용어를 섞어 쓰는데, 그 의미는 동일하다. 칸트는 이 절에서 '지성계'라는 표현을 주로 사용하지만, '지성(Verstand)'이라는 용어와의 혼동을 피하기 위해 필자는 일관되게 '예지계'라는 표현을 사용하고자 한다.

다른 관점을 받아들인다"(105쪽)는 것이다. 여기서 칸트는 인식론에서 전개했던 이른바 '현상'과 '사물 그 자체Ding an sich selbst'의 구별을 상기시킨다. 그러면서 감각적 경험을 통해서 드러나는 '나(즉, 감성계에 속한 '나')'와 감관의 촉발을 통해서는 더 이상 알 수 없는 '나(즉, 예지계에 속한 '나')'를 구분한다. 이 후자는 "자기 안에 있는 순수한 활동성"(107쪽)으로서 감각적 경험을 통해서는 인식할 수 없는 '사물 그 자체'에 속한다.

이 '순수한 자기 활동성의 능력'이 바로 '이성Vernunft'이다. 이성은 다음과 같은 점에서 '지성Verstand'보다도 우위에 있다. 잘 알다시피 지성은 감성형식을 통해 들어온 감각적인 표상들을 개념(범주)을 사용하여 하나의 의식으로 결합한다. 따라서 감각적인 표상들이 없을 경우에는 아무것도 사유할 수 없다. 반면, 이성은 아무런 감각적 표상 없이도 '이념'을 구상할 수 있는데, 이 점에서 이성은 지성보다 훨씬 더 높은 순수한 자발성을 드러낸다. 그러한 자발성 덕택에 이성은 감각적인 것이 자신에게 제공할 수 있는 모든 것을 훨씬 능가한다. 그래서 이성의 가장 중요한 임무 중 하나는 감성계와 예지계를 구별함으로써 지성에게 한계를 설정해 주는 일이다(108쪽). 이런 이유로 이성적 존재는 자기 자신을 **예지적 존재**Intelligenz로 보아야 한다. 즉, 이성보다 하위의 능력(즉, 지성)이 대상으로 삼는 감성계가 아니라 예지계에 속하는 존재로 보아야 한다.

이리하여 이성적 존재는 두 가지 관점을 갖는데, 그 관점을 통해서 자기 자신을 바라볼 수 있는 법칙, 그리고 자신의 힘을 사용하는 법칙, 결국은 자신의 모든 행위를 포괄하는 법칙을 인식할 수 있다. 이성적인 존재는, 첫째 감성계에 속하는 존재인 한, 자연법칙(타율성) 아래 놓여 있다는 것이고, 둘째 예지계에 속하는 한, 자연법칙에서 독립적이며 경험이 아니라 오직 이성에만 근거를 두는 법칙 아래 놓여 있다는 것이다(108-109쪽).

이처럼 인간은 이성적 존재이고 예지계에 속하는 존재이므로, 자신의 의지가 오로지 자유의 이념 아래 있다고 생각할 수밖에 없다. 왜냐하면 결정론이 지배하는 감성계의 인과성에서 독립한 것이 바로 자유이기 때문이다. "그런데 자유의 이념은 자율성의 개념과 분리할 수 없게 결합되어 있고, 이 자율성의 개념은 도덕성의 보편적 원리와 결합되어 있다. 이 도덕성의 원리는, 자연법칙이 모든 자연현상의 근거가 되는 것과 마찬가지로, 이념 안에서 **이성적** 존재의 모든 행위의 근거가 된다"(109쪽).

이로써 칸트는, 자유에서 자율성으로 또 자율성에서 도덕법칙으로 향하는 일련의 추론에 어떤 순환론이 숨겨져 있는 것은 아닌지에 대한 의혹이 해명되었다고 자평한다. 말하자면, 한편으로 '도덕법칙이 성립하려면 자유가 있어야 한다'고 말하고, 다른 한편으로는 '자유가 있으므로 도덕법칙이 가능하다'고 추론하는 것 아니냐는 의혹이 제거되었다는 것이다. "왜냐하면 이제 우리는, 우리가 스스로 자유롭다고 생각할 때에는 우리를 예지계 안의 구성원으로 간주하여 의지의 자율성과 그 [논리적] 귀결인 도덕성을 함께 인식한다는 것을 알고, 반면 우리에게 의무가 지워졌다고 생각할 때에는 우리가 우리 자신을 감성계에 속하면서 동시에 예지계에도 속하는 존재로 간주한다는 것을 알기 때문"(110쪽)이라는 것이다.

4. 정언명령은 어떻게 해서 가능한가

칸트에 따르면, 이성적 존재는 자신을 예지계에 속하는 예지적 존재로 간주하고, 오직 예지계에 속하는 작용원인으로서 자신의 인과성을 **의지**라고 부른다. 한편 이성적 존재는 또한 자신을 감성계의 일부로 의식하기도 하는데, 감성계 안에서 그의 행위는 위의 인과성(즉, 의지)에 의해 나타나는 현상들로 존재한다. 그러나 우리는 예지계의 인과성을 직접 알 수는 없으므로, 우리의 행위가 감성계에 속하는 다른 현상들(즉, 욕구와 경향성)에 의해 결정된 것으로 생각할 수밖에 없다. 그러므로 예지계의 구성원으로서 나의 모든 행위는 순수한 의지의 자율성 원리에 완전히 부합하겠지만, 감성계의 일부로서 나의 모든 행위는 오로지 욕망과 경향성의 자연법칙에, 즉 자연의 타율성에 부합할 수밖에 없다("전자의 행위는 도덕성의 최상 원리에 근거하고, 후자의 행위는 행복의 최상 원리에 근거한다"; 111쪽).

이제 칸트는 정언명령이 다음과 같은 이유로 가능하다고 말한다. 즉, 자유의 이념이 나를 예지계intelligibele Welt의 구성원으로 만드는데, 만일 내가 전적으로 예지계의 구성원이기만 하다면 나의 모든 행위는 언제나 의지의 자율성에 부합하겠지만, 동시에 나는 나 자신을 감성계의 구성원으로도 여기기 때문에 나의 모든 행위가 의지의 자율성에 부합해야만 한다는 명령을 의식하게 된다는 것이다. 칸트는 이 정언적 당위Sollen를 '선험적 종합 명제'라고 주장한다. 왜냐하면 '감각적 욕망에 의해 촉발된 나의 의지'에 '예지계에 속하며 순수하고 그 자체로 실천적인 의지의 이념'이 덧붙여지기(종합되기) 때문이다. 나아가 이성의 활동에 의해 후자와 같은 실천적 의지가 전자와 같은 감각적 욕망에 의해 촉발된 의지의 최상의 조건을 포함하게 되기 때문이다. 이는 감성의 직관들에 지성의 개념(범주)이 더해짐으로써 자연에 대한 모든 인식을 낳는 선험적 종합 명제가 가능해지는 것과 유사하다(111-112쪽).

여기서 칸트는 평범한 인간의 이성으로도 이러한 연역이 정당하다는 것을 알 수 있다고 주장한다. 가장 못된 악당조

차도, 그가 이성을 지니고 있기만 하다면, (자신의 이익이나 안락함을 희생하면서까지) 선한 준칙을 지키고 자선을 베푸는 사례를 보게 될 경우, 자기도 그러한 마음씨를 가지고 싶다고 바랄 수밖에 없다는 것이다. 비록 그가 자신의 경향성과 충동 때문에 그 일을 제대로 실현할 수는 없을지라도 말이다. 칸트에 따르면 이로써 그는 감각적 충동에서 자유로운 의지를 가졌다는 '생각'만으로도 감성계의 욕망의 질서와는 전혀 다른 사물의 질서로 옮겨갈 수 있음을 증명하는 셈이다. 이제 그는 자신이 예지계의 구성원의 관점을 가지게 된다면 자신의 인격이 더 선한 상태가 된다고 믿으며, 예지계의 구성원의 관점에서 자신의 선한 의지를 의식한다. 그리고 이 선한 의지는 그에게, 즉 감성계의 구성원인 악한 의지에게 법칙을 만들어준다. 그뿐만 아니라 그는 자신이 선한 의지의 법칙을 어기고 있을 때조차도 법칙의 위엄을 의식한다.

그러므로 도덕적 당위는 예지계의 구성원으로서는 자신의 필연적 의욕이지만, 동시에 자신을 감성계의 구성원으로도 보는 인간에게는 당위라고 생각되는 것이다(113쪽).

5. 모든 실천철학의 최종 한계에 대하여

칸트에 따르면 모든 인간은 자기의 의지가 자유롭다고 생각한다. 그래서 비록 '일어나지는 않았더라도 일어났어야만 하는' 행위에 대해서도 판단한다. 하지만 이러한 자유는 결코 경험적 개념이 아니다. 왜냐하면 자유를 경험적으로 확인할 수 없다고 하더라도, 자유라는 개념은 언제나 남아 있기 때문이다. 마찬가지로 자연필연성도 자유처럼 경험적 개념이 아니다. 왜냐하면 자연법칙에는 필연성이라는 개념이 포함되어 있는데, 이는 선험적 인식이기 때문이다. 그러나 자연필연성은 경험을 통해 확인될 수 있다. 즉, 그것은 지성의 개념(범주)이기 때문에 감관의 대상들에 대한 인식이 가능하려면 불가피하게 전제될 수밖에 없다. 그에 반해 자유는 다만 이성의 **이념**일 뿐이기 때문에 그것의 객관적 실재성은 의심스럽다(114쪽).

칸트는 여기서 이성의 변증법(역설)이 생겨난다고 말한

다. 왜냐하면 같은 인간의 행위를 설명할 때 의지의 자유의 관점과 자연필연성의 관점이 서로 모순되는 것처럼 보이기 때문이다. 사실 우리가 인간을 자유롭다고 말할 때, 인간이 자연의 일부로서 자연법칙에 복종하고 있다고 생각할 때와 같은 의미로 말하는 것이라면 모순은 피할 길이 없다. 하지만 전자와 후자가 각기 다른 의미와 다른 관계에서 인간을 그렇게 보는 것이라면 이는 충분히 양립할 수 있는 생각이다. 즉 같은 행위에 대해 그것을 감성계에 속하는 '현상'의 관점에서는 자연법칙에 종속해 있는 것으로 보고, 예지계에 속하는 '사물 그 자체'의 관점에서는 자연법칙에서 독립해 있는 것으로 보는 것은 전혀 모순되지 않기 때문이다.

인간이 자기 자신을 이처럼 이중적으로 표상하고 생각해야 한다는 것은, 전자와 관련해서는 자기 자신을 감각에 의해 촉발되는 대상으로 의식하는 데 반해, 후자와 관련해서는 자기 자신을 예지적 존재로, 즉 감각적 인상들에서 독립해서 이성을 사용하는 존재로(따라서 예지계에 속하는 존재로) 의식하기 때문이다(117쪽).

위와 같은 생각은, 인간이 자기의 온갖 욕망과 경향성의 영향에서 완전히 벗어난 행위를 할 수 있다는, 아니 해야 한다는 생각으로 연결된다. 칸트는 이제 이러한 예지적 존재로서의 인간만이 본래적인 자기라고 주장한다(118쪽). 그리고 이것은 우리가 도덕을 실천하려 하는 한 필연적인 관점이라고 주장한다.

그러므로 예지계라는 개념은 이성이 자기 자신을 실천적이라고 생각하기 위해서는 현상을 벗어나서 스스로 채택할 수밖에 없는 하나의 관점일 뿐이다. 만약 감성의 영향이 인간을 전적으로 결정하는 것이라면, 이성이 자신을 실천적이라고 생각하는 일은 가능하지 않을 것이다. 그렇지만 인간이 자기 자신을 예지적 존재로, 따라서 이성에 의해 활동하는, 즉 자유롭게 작용하는 이성적인 원인으로 의식하는 것을 포기하지 않는 한, 이성은 자신을 실천적이라고 생각할 수밖에 없다(119쪽).

이처럼 칸트에 따르면, 이성은 자신을 실천적이라고 생

각할 수밖에 없고 그러기 위해서 예지계의 관점을 채택할 수밖에 없다. "그러나 만약 순수한 이성이 **어떻게** 실천적으로 될 수 있는지를 스스로 **설명**하려고 한다면, 그때 이성은 자신의 모든 한계를 넘어서게 될 것이며, 이것은 **자유가 어떻게 가능한지**를 설명하는 과제와 완전히 똑같을 것이다" (120쪽).

칸트의 인식론을 통해 잘 알려져 있다시피, 대개 우리는 가능한 경험 속에 주어지는 대상에 법칙을 적용할 수 있는 것 외에는 아무것도 '설명'할 수 없다. 다시 말해서 (감성형식을 통해) 경험 속에 주어질 수 없고 그래서 지성의 개념(범주)이 적용될 수 없는 대상은 결코 '설명'될 수 없다. 그런데 자유는 단지 하나의 이념일 뿐이다. 따라서 자유의 객관적 실재성은 자연법칙에 의해서는 어떤 방식으로도 입증될 수 없다. 그것은 개념적으로 이해될 수도 통찰될 수도 없는 것으로서, 단지 예지적 존재의 이성에 의해 필연적으로 '전제'되는 것일 뿐이다. 사실 자연법칙으로 규정될 수 없는 것은 **설명**이 불가능한 것이므로, 남은 가능성은 이제 **변호**하는 일뿐이다. 즉 일부 사람들이 자유는 불가능하다고 주장하는 데 대해, 그것은 그들이 예지적 존재인 인간을 '사물 그 자체'로 보아야 하는 경우에도 언제나 인간을 '현상'으로서만 보기 때문임을 지적해주는 일뿐이다. "만일 그들이 정신을 차리고 현상의 배후에는 (비록 숨겨져 있지만) 사물 그 자체가 근저에 놓여 있으며 사물 그 자체의 작용법칙과 현상을 지배하는 법칙이 동일할 수 없다는 것을 받아들인다면, 그러한 모순은 사라진다"(121쪽).

여기서 칸트는 '도덕법칙에 대한 **관심**Interesse'에 대해서 언급한다. 이 관심이 이성으로 하여금 실천적이 될 수 있도록 한다는 것이다.

> 관심은 이성을 실천적이 되게 하는 것이다. 다시 말해서, 의지를 결정하는 원인이 되는 것이다. 그래서 사람들이 이성적 존재에 대해서 말할 때, 이성 없는 피조물들은 단지 감성적 충동만을 느끼는 데 반해, 오직 이성적 존재만이 관심을 가진다고 말한다. 행위의 준칙의 보편타당성이 의지를 결정하는 충분한 근거가 될 때, 오직 그때에만 이성은 행위에 대해 직접적인 관심을 가진다. 오직 그러한 관심만이 순수하다(122쪽).

칸트에 따르면, 우리가 이 관심을 개념적으로 파악하는 것, 즉 설명하는 것은 불가능하다. 이는 의지의 자유를 설명하는 일이 불가능한 것과 마찬가지이다. 그럼에도 인간은 실제로 도덕법칙에 관심을 가지며, 그러한 관심의 토대가 되는 것을 '도덕적 감정'이라 부르기도 한다. 하지만 이러한 도덕적 감정을 도덕적 판단의 기준으로 삼는 것은 잘못이다. 도덕적 감정은 단지 법칙이 의지에 작용한 **주관적** 결과일 뿐이며, 그 객관적 근거는 오직 이성만이 제공해 줄 수 있다(122쪽).

이성이 감성적인 동시에 이성적인 존재에게 당위로 부과된 것을 의욕하도록 만들려면, 의무를 완수할 때 뒤따르는 쾌감이나 만족감을 주는 능력이 이성에게 있어야 마땅할 듯하다. 그러나 감성적인 것과 무관한 이성이 어떻게 쾌감이나 불쾌감을 만들어내는지, 즉 이성이 어떻게 감성계의 원인성으로 작용하는지에 대해 선험적으로 파악하는 것은 전혀 불가능하다. 왜냐하면 그것은 경험세계의 인과성이 아니라, 순수한 이념이 감성계의 작용원인이 되는 특별한 종류의 인과성을 가정하는 것이기 때문이다. 그러므로 "어떻게 그리고 왜 **법칙으로서 준칙의 보편성**, 즉 도덕성이 우리에게 관심을 불러일으키는지 우리 인간은 결코 설명할 수 없다"(123쪽).

그렇지만 칸트에 따르면, 다음의 사실만은 확실하다. "즉 법칙이 우리에게 타당한 것은 **그것이 관심을 불러일으키기 때문**이 아니라(왜냐하면 그렇게 하는 것은 타율이고 실천이성이 감성에 의존하는 것이 되어, 즉 감정에 근거한 것이 되어, 결코 도덕적으로 법칙을 수립하는 것이 될 수 없기 때문이다), 오히려 법칙이 인간으로서 우리에게 타당하기 때문에, 즉 법칙이 예지적 존재로서 우리의 의지로부터, 그러니까 우리의 본래적 자기로부터 생겨났기 때문에, 관심을 불러일으키는 것이다"(123쪽).

칸트가 보기에, 이제 '어떻게 정언명령이 가능한지', 그리고 '어떻게 순수 이성이 다른 동기들 없이 그 자체만으로 실천적일 수 있는지', 다시 말해 '이성적 존재의 모든 준칙이 법칙으로서 보편타당해야 한다는 원리가 어떻게 관심을 불러일으킬 만한 의지의 대상과 전혀 상관없이 스스로 동기를 주고 순수한 도덕적 관심을 생기게 하는지'에 대해서 인간 이성이 결코 설명할 수 없다는 점은 확인된 셈이다. 사실 그러한 것에 대해 설명하려는 것은 '어떻게 의지의 인과성으로서의 자유가 가능한지'에 대한 근거를 묻는 것이나 마찬가지로 헛된 일이다. 우리가 설사 예지계에 대해 충분한 근거를 주는 (자유의) 이념을 가지고 있다 해도, 우리는 그 세계에 대한 어떤 지식도 가지고 있기 못하기 때문이다. 예지계란 우리가 감성계에 속한 모든 것을 우리 의지를 결정하는 근거로부터 제외하고 나서도 남는 어떤 것을 의미할 뿐이다. 이렇게 소거법을 사용하는 이유는, 감성계의 영역에 확실한 경계선을 그음으로써 모든 것이 그 영역 안에 들어 있는 것이 아니라 그 영역 바깥에도 더 많은 것이 있다는 것을 보여주기 위해서이다(124-125쪽).

그러나 칸트에 의하면, 우리는 이 '더 많은 것'에 대해 더는 알지 못한다. 이러한 이상Ideal을 생각하는 순수한 이성에서 모든 내용(즉, 대상에 대한 인식)을 떼어낸 뒤에 우리에게 남는 것은 형식뿐이다. 다시 말해, 준칙의 보편타당성의 실천법칙뿐이다. 그리고 이 법칙에 맞추어, 이성을 순수한 예지계와 관련하여 가능한 작용 원인으로, 즉 의지를 결정하는 원인으로 생각하는 것뿐이다. 여기에 동기는 전혀 필요하지 않다. 동기가 있다면, 예지계라는 이념 자체가 동기일 것이고, 이성이 근원적으로 관심을 갖는 그런 것일 것이다. 하지만 앞서 살펴본 바와 같이, 이것을 개념적으로 파악하는 것은 우리로서는 해결할 수 없는 과제이다(126쪽). 이제 칸트는 다음과 같은 말로 자신의 도덕철학적 탐구의 한계와 의미를 정리하면서 3장을 마무리한다.

여기가 바로 모든 도덕적 탐구의 최상의 한계이다. 그러나 이러한 한계를 규정하는 일도 매우 중요하다. 왜냐하면 한편으로는 이성이 감성계 안에서 최상의 동기나 경험적 관심을 찾아 헤매면서 도덕을 손상하는 일이 없도록 하기 위해서이고, 다른 한편으로는 이성이 예지계라는 이름의 초험적[경험을 넘어선] 개념들로 된 공허한 공간 안에서 조금도 나아가지 못한 채 힘없이 날갯짓만 하거나 환상에 빠져 길을 잃어버리지 않도록 하기 위해서이다. 우리 자신도 이성적 존재로서(비록 다른 한편으로는 동시에 감성계의 구성원이기도 하지만) 거기에 속해 있는 예지적 존재 전체인 순수한 예지계라는 이

넘은, 비록 모든 앎이 그 경계선에서 끝나기는 하지만, 여전히 이성적 신념[신앙]을 위해 필요하고 또 허용되는 이념으로 남는다. 그것은 목적들 그 자체(이성적인 존재들)의 보편적 나라라는 빛나는 이상을 통해서, 즉 우리가 자유의 준칙에 따라서 마치 그것이 자연의 법칙인 것처럼 신중하게 행동하기만 한다면 곧 그 구성원이 될 수 있는 보편적 나라라는 빛나는 이상을 통해서, 우리 안에 도덕법칙에 대한 생생한 관심을 불러일으키기 위한 것이다(126-127쪽).

맺음말

칸트에 따르면, 이성은 그 본성상 필연성을 추구한다. 그래서 끊임없이 무조건적으로 필연적인 것을 찾는다. 하지만 그것을 개념적으로 파악할 수 있는 어떠한 수단도 없다는 것을 발견하면서, 결국은 이 '무조건적으로 필연적인 것'을 그냥 받아들일 수밖에 없다. 그러므로 도덕의 영역에서 무조건적인 실천법칙(그것은 정언명령일 수밖에 없다)이 절대적으로 필연적이라는 것을 이성이 개념적으로 파악할 수 없다 해도, 그것이 도덕성의 최상 원리를 연역한 우리의 노력에 흠이 되는 것은 아니다. 그러한 사실은 오히려 인간 이성 일반이 받아야 하는 비난일 뿐이다. 즉, 그것은 인간 이성의 근본적인 한계인 것이다.

그러므로 우리는 도덕적 명령(정언명령)의 실천적인 무조건
적 필연성을 개념적으로 파악하지는 못하지만, 그것을 개념
적으로 파악할 수 없다는 것만은 파악한다. 이것이 인간 이성
의 한계에까지 원리적으로 나아가려는 철학에 대하여 정당
하게 요구할 수 있는 전부이다(128쪽).

『도덕형이상학 정초』를 마무리하는 위의 유명한 구절은
일견 우리가 도덕법칙의 무조건적 필연성을 증명(설명)할
수 없다는 것을 고백하는 무기력한 말처럼 들리기도 한다.
하지만 칸트의 이러한 언급, 혹은 정당화 방식은 도덕법칙
의 절대적 성격을 독단적으로 주장하는 것이 아니라는 점
에서 의의를 가진다. 이는 기존의 도덕 실재론자들의 시도
와도 차별화되는 점이다. 예컨대 플라톤은 '이데아'라는 초
험적인transzendent 세계를 실재하는 것처럼 이야기하였지만,
이러한 이데아가 어떻게 존재할 수 있는지, 이러한 세계를
어떻게 증명할 수 있는지에 대해서는 아무런 답을 내놓지

못했다. 현대의 무어G. E. Moore도 사정은 마찬가지이다. 그는 이른바 '자연주의적 오류'[15]라는 논지를 통해 도덕의 기본 개념이 자연세계(감성계)로부터 도출될 수 없다는 점을 지적하긴 하였지만, 도덕이 속한 세계에 대해서는 구체적으로 설명하지 못했다. 이러한 측면은 직관주의자들의 경우도 마찬가지이다. 직관주의자들은 '직관'을 통해 도덕원리(선, 옳음, 의무, 정의 등)를 선험적으로 인식할 수 있다고 했지만, 그 직관이 어떤 종류의 능력이며 그 도덕원리가 어떤 종류의 실재인지에 대해서는 적절한 설명을 하지 못했던 것이다.

그런데 칸트는 이러한 도덕의 초월적transzendental 성격에 대해 인간 인식의 한계라는 측면에서 납득할 수 있는 설명을 내어놓고 있다. 이러한 세계에 대해서 우리가 증명(설명)할 수 없는 이유는, 그것이 우리가 증명할 수 있는 범위를 넘은 곳에 있기 때문이라는 점을 충분히 설명하고 있는 것

---

15 자연적·경험적 사실에서 나온 '사실 판단'을 근거로 도덕적 당위를 다루는 '가치 판단'을 도출하는 것은 오류라는 주장을 가리킨다.

이다. 그리고 이러한 세계에 인간이 어떻게 접근해야 하는 지에 대해서도 납득할 만한 설명을 내어놓는다. 즉, 인간은 자기 스스로에 대해 알 수 있는 것에 한계가 있으며, 이러한 한계를 넘어선 곳에 예지계에 속하는 '나'가 있을 수밖에 없다는 점을 말하고 있는 것이다. 이러한 '나'는 감성계의 제약을 벗어나 예지계에 속한 자이므로, 그 세계의 도덕법칙에 대해 사고할 수 있는 가능성이 열려 있다는 것이다.

칸트의 이러한 관점은 도덕의 절대적 성격을 보호할 수 있는 울타리를 마련했다는 점에서도 큰 의의를 가진다. 도덕이 자연세계(감성계)에 속하지 않는다는 주장은 도덕의 가치를 온전히 지키는 데 중요한 의미를 지닌다고 할 수 있다. 만일 도덕의 초월적 성격을 규명하는 데 실패한다면, 그것은 도덕의 가치를 다른 자연물의 가치들과 같은 것으로 떨어뜨리는 일이 되고, 이는 사실상 도덕의 고유한 가치를 부인하는 셈이 되고 말기 때문이다.

이러한 관점은 또한 인간의 자유 및 존엄성 개념과 연결된다는 점에서도 중요한 의미를 가진다. 인간이 존엄한 것은 그가 감성계의 다른 존재들과는 다른 위상을 지니고 있기 때문이다. 즉, 그가 감성계의 법칙에 따라서만 움직이는 존재가 아니라, 그러한 법칙에서 벗어나 스스로 판단하고 행위할 수 있는 존재이기에, 다시 말해서 예지계에 속한 도덕법칙을 그가 표상할 수 있기 때문에 가능한 일이다. 도덕법칙이 예지계에 속한다는 것을 보장할 수 있어야만 인간이 자유롭다는 것이 보장되고, 이러한 인간의 자유가 보장되어야만 인간의 존엄함도 보장될 수 있는 것이다.

이처럼 도덕법칙의 무조건적 필연성을 증명할 수 없다는 칸트의 말은 얼핏 자신의 도덕적 탐구의 한계를 고백하는 말처럼 보이기도 하지만, 실은 도덕의 참된 가치를 지키는 데 초석이 되는 중요한 선언이라 하지 않을 수 없다.

끝으로 칸트 윤리에 대한 필자의 간단한 소감을 덧붙이며 글을 마무리하고자 한다.

칸트에게 도덕의 근거는 시간과 공간으로 구성된 현상세계(감성계)에 있지 않다. 그것은 경험적 사실이 아니라 이상적 당위에서 찾아질 수밖에 없다. 그러므로 도덕이 힘을 가지려면 시간과 공간에 제약되는 현상적 자아(즉 ego)의 차원을 넘어설 필요가 있다. 현실적 이해관계나 행·불행을 따지는 한 '하늘이 무너져도 정의가 실현되어야 한다'와 같은 도덕의 명령은 실행될 수 없을 것이기 때문이다. 인간이 자기 이익과 행복을 추구하는 현상적 자아의 차원에만 머문다면, 대의를 위해 자기희생을 무릅쓰는 일이나, 자기 사후死後의 미래 세대를 걱정하는 일이나, 자기와 무관한 타인의 처지를 진정으로 배려하는 일은 불가능할 것이다. 만일 우리가 그런 일이 가능하다고 생각한다면, 그것은 우리가

(비록 무의식적일지라도) 현상적 자아의 차원에만 머무는 존재가 아님을 시사한다.

칸트의 윤리는 도덕의 본질을 밝혀 준 점에서 오늘날에도 여전히 주목할 필요가 있다. 그리고 우리 내면의 예지적 자아를 통해 보편 도덕을 정초한 다음 그것을 현실에서 실현하기 위해 함께 노력하자는 취지 또한 매우 감동적이고 설득력이 있다. 하지만 이러한 칸트의 논증이 아무리 치밀하고 감동적이라 하더라도, 지금처럼 물질과 외모와 본능적 욕망의 추구에 정신이 팔린 시대 분위기 속에서, 그리고 타산적·도구적 이성이 주로 작동하는 자본주의 사회의 현실 속에서, 과연 칸트 윤리의 메시지가 사람들에게 얼마나 설득력을 가질 수 있을 것인가. "인간은 일종의 동물이며, 타고난 이기적 존재!"라고 외치면서 냉소하는 사람들 앞에서 칸트가 전하는 평범한 도덕적 진리를 어떻게 새삼스러운 감동과 더불어 재현할 수 있을 것인가. 어떻게 하면 그의 메시지를 딱딱한 이성적 추론의 한계를 넘어 생생하게 살아 있는 실존적 울림으로 다가가도록 할 수 있을 것인가. 이것이 오늘날 칸트 윤리학을 공부하는 사람들의 고민이자 과제이다. 바라건대 가슴속에 예지적 자아의 불꽃(신성의 씨 앗)을 간직한 독자들에 의해 이 시대 윤리 혁명을 향한 불씨 가 당겨지기를 기원해 본다.

[세창명저산책]

· 세창명저산책은 계속 이어집니다.